国家出版基金项目
NATIONAL PUBLICATION FOUNDATION

我和谈家桢

邱蕴芳 著

上海科学普及出版社

图书在版编目(CIP)数据

我和谈家桢 / 邱蕴芳著. -- 上海：上海科学普及出版社，2015.7
ISBN 978-7-5427-6505-5

Ⅰ.①我… Ⅱ.①邱… Ⅲ.①谈家桢(1909~2008)—生平事迹 ②邱蕴芳—自传 Ⅳ.①K826.15 ②K826.2

中国版本图书馆CIP数据核字(2015)第143188号

责任编辑　张建德

我和谈家桢

邱蕴芳　著

上海科学普及出版社出版发行
（上海中山北路832号　邮政编码　200070）
http://www.pspsh.com　微信公众号：kxpjwyd

各地新华书店经销　上海叶大印务发展有限公司印刷
开本 720×1000　1/16　印张 9.5　字数 180000
2015年7月第1版　2015年7月第1次印刷

ISBN 978-7-5427-6505-5　　定价：20.00元

作者

家中品茶，乐不可支

俩人说说悄悄话

西子湖畔情意浓

笑得合不拢嘴

相亲相爱

相依相偎

序

《我和谈家桢》的作者是邱蕴芳大夫，她是我的前辈。她参加过抗美援朝，曾是一名中国人民志愿军外科医疗队的战士，也曾是上海电力职工医院的业务骨干。她是谈家桢先生的夫人。书中的"我"就是作者本人，而书中的谈家桢就是国际著名的遗传学家，我国现代遗传学的奠基人、杰出的科学家、教育家，他是中国遗传学界坚持真理的一面旗帜。

这本书有点与众不同，这是作者本人的自传体著作。其中写她自己的时候，自然就比较容易写好，而在这本书里写得更多、更细致入微的是一个妻子眼中的丈夫，这就免不了有着浓厚的感情色彩。一些肺腑之言似瀑布一样倾泻而下，有的地方似潮水一样涌起，并迅速席卷而过。这一切都是真的。

我从来没有为人物传纪类的作品写过序文，而这本自传体作品又出自我的前辈之手，我怎么有资格写序文呢！但在我拜读这本书之后，确实被书中的情节深深地打动了，由此产生了一些感想和体会，这里我愿把自己的感想和体会写出来告诉大家。

这本书主要写的是邱蕴芳大夫与谈家桢先生相识、相爱，以及同甘共苦、狠斗病魔、相伴终身的经过。古往今来，讴歌爱情的诗歌和散文是并不少见的，爱情似乎总是欢乐的、幸福的。邱蕴芳大夫在被谈家桢先生的人格魅力征服后，两人就结为夫妻。尽管他俩在爆发恋情时，一个超过60岁，另一个也超过50岁了，但当他们步入婚姻殿堂之后，生活确实是幸福而甜蜜的。然而，人生幸福，往往也会遭天妒。他们结婚才一年多，两人正沉醉在新婚的喜悦中时，谈家桢先生就先后突发癌症和萎缩性胃炎,这犹如晴天霹雳,在他们充满愉悦的生活中添加了一个沉郁的乐章,好在这个乐章(并非柴可夫斯基的《悲怆交响乐》)奏完之后,他俩又恢复了明快的、"如歌的行板"的生命节奏。他俩经过患难与共的考验,更加相依为命了。

谈家桢先生的个性乐观进取、豁达开朗。他无论在生活中还是在事业上,遇到横逆,绝不消极、悲观,反倒是愈挫愈勇。他在"史无前例"的巨大风暴过去之后,过了花甲之年又重返国际学术舞台。此时的谈老已经过两次大手术,可他像健康的年轻人一样,依然精神抖擞地为祖国遗传学事业的发展四处奔波、日夜操劳。如果没有邱蕴芳大夫在精神上的无微不至的关怀和支持、在物质上千方百计地保证他的需要,一个花甲老人、一个古稀老人、一个耄耋老人怎么能像年轻人那样穿行于世界各地进行学术交流呢?我国有句流行语,叫做"一个成功男人的背后都有一个不凡的女人",这句话用在邱蕴芳大夫身上真是最贴切不过了。

谈家桢先生是国际著名的遗传学家,在事业上,他是"老骥伏枥,志在千里;烈士暮年,壮心不已",可在家里,却是吃饭不知饥饱,老妻不给盛饭,必是饱了;穿衣不知冷暖,老妻不让添衣,必是暖了。他们两人,童心未泯,在谈家桢先生84岁、邱蕴芳大夫72岁时,相互搀扶着到照相馆补拍了一张婚纱照。我们在这里,看到的是一对琴瑟相谐老来伴的动人形象。

大家知道,谈家桢先生对遗传学情有独钟,可他对农民、农村、农业这"三农"的关心和情意却只有很少人知道了。因此,在已有的出版物中,几乎很难见到谈老的"三农"情结。而在邱蕴芳大夫的这本著作里,列出了许多事例,让我们看到了谈老的"三农"情缘。作者补充这方面的材料是难能可贵的,这么一来,谈家桢先生的形象就更加丰满完整了。

谈家桢先生于2004年6月6日住进了上海华东医院,直至2008年11月1日驾鹤西去,在医院里的时间约为52个月,按每月30天计,就是1560天。在这一千多天里,邱蕴芳大夫差不多每天都从家到医院来回跑,陪伴在谈家桢先生身边。对一个年过八旬的老人来说,如此奔波、无怨无悔,如果没有对谈老的一片真情,是无论如何也做不到的。因为俗话说,"久病无孝子"。

谈家桢先生在华东医院强忍着病痛与疾病顽强战斗的时候,作者和谈家桢先生的心里想的是把痛苦留给自己,把最大的希望留给对方,互相关心着对方。我们从两位老人的相互关心中,领悟到了人间的真情和真情的伟大。

书中丰富的内容,在这里是无法一一列述的。好在当读者见到我这篇不是序的序文时,这本书也已握在读者的手上了。这本书的内容是罕见的,是作者的生活回溯,回溯可以比速写更真实。作者的语言朴素,感情真挚,真不容易,难能而可贵。不用说了,我想,作者一定有很多东西还没有写,还来不及写。我曾听说过,写得最好的作品,也不过是较好的提纲而已。邱蕴芳大夫和谈家桢先生的生活实在太丰富了,我真希望能在不久的将来,见到作者更细腻、更精彩的作品。

目录

序 / 1

开场白 / 1

一　独步人生

1. 渴望幸福 / 3
2. 经受血与火的洗礼 / 7
3. 一颗宽厚仁慈的心 / 10

二　相识相知

1. 我成了他的忠实听众 / 13
2. "三同"的故事 / 15
3. 棉花的故事 / 20
4. 我被他的人格魅力折服了 / 23

三　一切有我

1. 是乙状结肠癌 / 25
2. 善意的谎言 / 26
3. 作了个与家桢生死攸关的决定 / 28

4. 真的好累 / 30

5. 爱在逆境中升华 / 33

四 风雨同舟

1. 家桢的心在受煎熬 / 36

2. "大地微微暖气吹" / 38

3. 简直是活受罪 / 39

4. 他在我的唠叨声中平静了 / 40

5. 家桢的一片真情 / 42

五 乔迁之喜

1. 他充满了活力 / 45

2. 在美国办成了两件大事 / 47

3. 同赴大洋彼岸 / 49

4. 流入我心田的暖流 / 52

5. 新家胜旧居 / 53

六 春泥护花

1. 他显得生气勃勃 / 58

2. 如影随形,形影不离 / 59

3. 餐桌上全由我做主 / 60

4. 我悟出了养生保健的大道理 / 64

七　相伴宝岛行

1. 接待人员惊呆了 / 69

2. 一个个激动人心的场面 / 70

3. 两岸同胞的骨肉亲情 / 72

八　时间是良药

1. 家桢的生命元素 / 75

2. 脆弱的生命变得坚韧了 / 79

3. 众仁花苑的第一户居民 / 80

九　"三农"情结

1. 中华大地春光明媚 / 83

2. 家桢的"金点子" / 85

3. 与农民亲如一家人 / 89

4. 心向"三农" / 90

十　百年华诞

1. 病魔再度袭来 / 95

2. 下辈子还要和你在一起 / 99

3. 快要燃尽的烛光 / 101

4. 百年华诞庆典 / 105

十一　　魂　断　梦　随

1. 他仿佛已安然入睡 / 110

2. 上天与我同悲 / 113

3. 人民没有忘记家桢 / 115

4. 在逝去的岁月中徘徊 / 118

十 二　　最　后　心　愿

1. 天上人间,心灵相通 / 122

2. 落实在希望的田野上 / 124

附　录

1. 家桢眼中的我 / 127

2. 活动年表 / 130

后　记 / 137

开场白

2008年11月1日7时18分,上海华东医院留在家桢病历上的最后句号,成了他轰轰烈烈一生的休止符。他就这样一声不吭地离开了与他朝夕相伴36年的我,离开了他十分眷恋的人间。他带走了我对他的爱,也带走了许许多多不了情。他留给我的是无尽的思念和孤寂。

我在步入中年时获得了令人羡慕的爱,这不仅是因为家桢是国际著名的

在陕西南路老宅的书房中(1986年)

在漓江游艇上(1994年)

遗传学家、具有崇高师德的教育家和经常为国家繁荣富强建言献策的社会活动家,而且因为我俩相伴的36年间爱得那么深、那么真。

家桢驾鹤西去,我失去了唯一的财产——我的爱、我所爱的人。那时我的肢体虽还健在,我的灵魂却是空的,人生的道路似乎已走到了尽头。我情不自禁地一直在逝去的岁月中徘徊,对家桢的那份思念、那份不了情,自那一刻起时隐时现地在我的心中沉浮。我想到我已走过的路,想到病魔向家桢袭来时我俩共商对策、逼退病魔时的沉重而喜悦的心情,想到了我俩相依相随踏上祖国宝岛——台湾的日子,想到了伴送家桢健康地重返国际学术舞台的峥嵘岁月,想到了陪伴家桢在华东医院度过的最后岁月;护送家桢回归大地时,也想到了在另一个世界里我要同他继续相伴相守。

为了对家桢的那份思念,为了对家桢的那份不了情,为了让我和家桢都十分珍惜的和谐生活留点记录,也为了告慰亲朋好友对我们的关心或让那些素不相识的朋友能感受到一点人间温暖,我思考再三,决心用笔记录我和家桢相识、相知、相守和相助的点点滴滴。如果看到这些真实记录的人能从中感到一点人间真情的温暖,我的所愿已足矣。

一　独步人生

户口薄上,我的名字是邱蕴芳。1921年12月25日我出生后,父母给我起的名字叫邱素贞,大概是父母亲希望他们的女儿能一辈子朴素、坚贞吧！1928年,我跨入江苏省启东县久隆镇励志小学时,报名单上的名字就改成邱荫芳了。此后,邱荫芳成了我的学名,邱素贞变成了小名。1935年我到上海进入复旦中学初中部时,中学教导处的老师把邱荫芳改成了邱蕴芳。这位老师认为,蕴藏着的芳香比树荫下的芳香更符合逻辑。从此以后,邱蕴芳这个名字就陪伴我终生了。

初中时的我

1. 渴望幸福

我是在江苏省启东县久隆镇出生的。我的父亲名叫邱向荣,母亲名叫王静贤。小时候,每当春节来临,我总会看到街坊邻居的大门上贴着大红春联,其中为数不少的内容是"红梅多结籽,绿竹又生孙"。说明家乡的父老乡亲中,有许多人是祈求多子多孙的。我的父母与众不同,并不那么在乎生多生少。那个年代没有计划生育,新生儿死亡率又很高,所以父母在生我之前已生了我

我的爸爸邱向荣

我的妈妈王静贤

的大哥和大姐,在生我之后又连续生了两男一女。我是他们六个孩子中的老三。我的大哥邱荫人,在解放前刚跨入第25个年头就撒手人寰了;大姐邱蕴兰,2005年已溘然长逝;大弟邱荫家,在解放前正值18岁的大好年华时就命赴黄泉了;老五是我的小妹邱蕴萍,她与我相伴至1985年离开了人间;老六是我的小弟邱荫章,2008年78岁,现在上海安享晚年。

可以想象,当我们兄弟姐妹六人围着父母绕膝而坐时,双亲一定是十分快慰的。可是,平静的生活被日本侵略者搅乱了。自1931年,日本侵略者在我国东北点燃了战火后,中国大地便再无宁日。父母亲在久隆镇经营得不错的商店不能正常营业了,大家成天提心吊胆、东躲西藏。为了求生存,为了全家平安地生活,我们一家老小逃到了上海,居住在石门路石库门楼下的一房子里。到上海不久,父亲凭借自己的智慧和勤劳居然站住了脚。他先在上海开办了小型牙膏厂,后来又把小型牙膏厂扩大为小型化工厂。父亲在上海站稳脚跟后,全家在上海的生活就有了保障,因此,在1935年,即我到上海的那年就进了位于华山路上的复旦中学初中部就读。

我们到沪时,上海滩到处都是租界。这个冒险家的乐园也不是安乐窝,父亲为了全家人的安全,搬了几次家,从最初租住的石门路迁至华山路幸福邨,最后搬到法租界内的建国西路56弄12号。在当时的上海,法租界算是最安全

我们兄妹四人

的地带了。

我们到上海后,老家的亲戚朋友以及其他的乡里乡亲,为了躲避日本侵略者,经常会来上海找我家避难或寻求资助。我的父母对逃难到上海的父老乡亲总是尽自己的最大努力,管他们的吃、住,甚至解囊相助,尽力帮助他们走出困境。在我的记忆中,我们的家就是家乡父老乡亲的避难所。有时候,到我家的避难者竟可多达十七八人。

父母亲对乡亲的一片赤诚,我们兄弟姐妹都看在眼里,记在心里。他们对乡亲们的资助从不计较回报,他们的善良对我们兄弟姐妹极富感染力。我的父母依靠自己的聪明才智和辛勤劳动,能在上海这个东方大都市占有一席之地,真令我钦佩不已。从他们的实际行动中,从他们对子女的嘱托中,我自能独立思考起就明白了幸福的真谛。每个人都向往幸福,每个家庭都渴望幸福,每个民族都需要幸福,每个国家都追求幸福,但幸福不能像日本侵略者那样去抢,去掠夺,把自己的幸福建筑在别人的痛苦之上。幸福不在树荫下,也不在温室里,幸福只能在勤奋的工作中,在辛勤的劳动里,幸福只能在晶莹透亮的劳动汗水里。

我在复旦中学读初中时就很用功,直到1941年在复旦中学高中毕业,我一

建于1905年的复旦中学

我16岁了

直在努力学习。我的父亲不仅要求子女有优良的学习成绩,而且要有很强的独立生活能力,他时时处处都很重视子女的能力培养。我一进中学就住读,节假日才能回家,而且要步行回家。看起来这些都是微不足道的小事,然而,父亲认为,住读、步行回家都有利于独立生活能力的培养。

高中毕业后,我同时报考了位于上海的同德医学院(上海第二医科大学的前身)和南京当时的中央大学医学院,几乎同时收到了两所大学的录取通知。我与父母商量的结果是放弃中央大学医学院,进同德医学院就读。七年的大学生活转瞬即逝,1948年我大学毕业了。当时大学毕业是不包分配的,如果想当医生,还要到招聘实习医生的有关医院考试,只有成绩合格者才被录用。我一心想做医生,因此,就同时到上海第四医院和南洋医院报考,结果两家医院都录取了我。当时考虑到南洋医院考试比较严格,应试的人不少,聘用的人却屈指可数,且这家医院的科室主任大多是国内外专家,而我是这家医院当年录用的七人中的一个,便决定到南洋医院做实习医生。实习一年后,我成了正式医生,被妇

同德医学院附属医院病房

南洋医院同仁。前排左面第二人是我,后排中间的是杨济时教授

产科主任接收为正式妇产科医师。后来,因为南洋医院的老板顾凯时不能按时发工资,发给我们的又是那些时刻都在贬值的金圆券之类的纸币,使我们这些员工的损失很大,我和其他一些医生便毅然离开了南洋医院,到保健医院(上海第六人民医院的前身)妇产科工作了。上海解放后,上海电力职工医院(现上海电力医院)成立,我跟随我们妇产科的李瑞林主任又跨入了上海电力职工医院妇产科。

2. 经受血与火的洗礼

在上海电力职工医院工作没多久,朝鲜战争爆发了。1950年10月8日,中国人民革命军事委员会主席毛泽东命令将东北边防军组成中国人民志愿军,待命出发,赴朝参战。10月19日,志愿军跨过鸭绿江与朝鲜人民军并肩战斗。由于美国侵略者在朝鲜企图仿效日本鬼子发动细菌战,当时我国有条件的地区都在医务界动员医务人员支援抗美援朝,粉碎美国侵略者用细菌杀人的阴谋。

我在动员报告会结束后,当即报名要求参加抗美援朝医疗队,可我的要求

一身戎装,英姿飒爽

没有得到医务工会领导的同意。我急了,就直接找医务工会领导问个究竟。医务工会领导对我说:"小邱同志啊,你的爱国热情和抗击美国侵略朝鲜的决心都值得表扬,但外科手术医疗队是要到战斗前方的,那里不仅工作、生活条件差,还有许多像跳蚤这

与上海电力职工医院院长赵崇华合影(2009年)

样的害虫,再说子弹是不长眼睛的,时刻都会有生命危险。你能吃得起这样的苦和考虑过这样的危险吗?"

我听了领导的忠告,丝毫没有犹豫,斩钉截铁地回答:"志愿军在前线跟美国佬浴血奋战,死伤时刻都会发生。那里确实需要医生,我作为一名医生,救死扶伤是我的天职,艰苦环境我不怕,跳蚤之类的小虫更不在话下,只要穿长裤扎紧裤脚管就行了。你们不用为我担心,就让我去经受血与火的洗礼吧!"

领导被我说服了,他们相信我的请求不是一时冲动,而是发自内心的决心。我参加抗美援朝外科医疗队的请求,终于被批准了。

我被安排在通化后方医院工作,在那里搭上火车只要2小时就能到前方。前方的战斗打响了,炮火连天,战斗异常激烈。伤员一批接着一批,手术一台连着一台,那里真是备尝艰辛。除手术外,我们还要宣传群众、动员群众,告诉他们千万不能用手捡美军留下的皮夹、钢笔、手绢和日记本等物品,因为这些看似精巧的东西,实际上都沾满了致命的病菌。

面对缺腿断臂的战士,看着痛苦呻吟的年轻生命,我的内心难以平静。这一切都是美国侵略者造成的。如果不是这些侵略者发动战争,这些鲜活的年轻人怎么会缺胳膊少腿呢?如果美国侵略者不在朝鲜燃起战火,朝鲜人民怎么会成天东躲西藏、疲于奔命呢?中国青年的魂魄又怎么会留在异国他乡呢?我痛恨战争,痛恨战争狂人。我对"抗美援朝,保家卫国"的志愿军战士怀

着深深的敬意,他们是最可爱的人。就是这种对敌恨、对战士们的爱,使我忘记了疲劳,忘记了艰苦。

正义终于战胜了邪恶,发动战争的美国侵略者失败了,中国人民志愿军凯旋而归。回国后,我又到了电力职工医院妇产科。经过朝鲜战争血与火考验的我,已经自觉地意识到自己是一名医生,也是一名战士。医生的天职就是救死扶伤,战士的责任就是消灭敌人,那些吞噬人类生命的病魔就是我的敌人。

3. 一颗宽厚仁慈的心

妇产科医生面对的病人是一个特殊的人群。她们中的大多数即将为人母,她们的安危不光是个人的事,和家庭的祸福息息相关。我深深感到,做一个合格的医生不易,做一个合格的妇产科医生就更难,两者都要有精湛的技术和崇高的医德,而后者更需要拥有一颗宽厚仁慈的心。

我在电力职工医院主治医师的岗位上救治过许多病人,其中有一位病人令我终生难忘。这是一位怀孕8个多月的年轻产妇,救护车送进医院时已汗流浃背、腹痛难忍。看到病人痛苦的表情、惊恐的眼神,我已不能平静,立即投入抢救病人的战斗。经过仔细检查,我确诊病人是子宫内出血,因子宫内积血过多而引起腹胀腹痛,血压很高,产门未开,需立即手术,才能消除病人的痛苦,确保母婴安全和子宫完整。手术有难度,也有风险,如果不及时手术,那么风险就更大,这时的母婴真是命悬一线。在这紧急关

在上海复兴公园(1952年)

头,我没有为自己作过任何考虑,当机立断,为病人进行手术。当切开子宫取孩子时,积聚在子宫内的血液喷溅而出,刹那间,我的口罩、脸和手术衣上全是血。那时候的我紧握手术刀,加快手术的速度,取出孩子。经过两三个小时的按摩,子宫从原来的紫黑色,渐渐恢复正常的颜色。整个手术做了四五个小时。当一切大功告成后,我才松了口气,擦一下脸上的血。手术成功了,母子平安,病人也消除了痛苦。这时候我才觉得累了,需要休息了。

第二天,当我和这位病人再度见面时,她已是喜上眉梢,沉浸在初为人母的快乐中了。她和她的家人向我连声道

与妈妈在南通张四公园

谢。我从这道谢声中感到了成功的喜悦,也从这道谢声中领悟到病人的期盼和自己的责任。我国妇产科事业的开拓者林巧稚大夫是一个心中唯有病人、

与大姐和大姐夫合影(1986年)

唯独没有自己的人,她一天24小时都在为病人值班。她对技术精益求精,她对事业的探索永不止步。她就是我学习的榜样,我要认认真真、踏踏实实地向她学习。

我大学毕业时,父母亲都已到花甲之年了。父亲感到年事已高,经营工厂已力难从心,不得已只好把经营多年并赖以生存的化工厂卖了,把变卖工厂所得的钱全部分给职工后就

回家养老了。可是,父亲在分发卖厂所得钱款时,居然未给自己留下分文,不仅如此,他连应给母亲的份额也没有留下。对此,母亲很不高兴,她感到工厂没有了,变卖工厂的钱又没有分到,今后的生活该怎么办?这时,我向父母说出了自己的看法:

"没有关系,将来我来养活你们。"

父母听到这里心始释然,脸部的表情很快就由阴转晴了。

我对父母表述的这个看法,是发自内心的承诺,是对父母的一份责任。"家是最小的国,国是千万家",在一心装满国的时候还必须一手撑起家。

父母老了,姐姐又出嫁了,我就应该尽自己的一切努力,使父母在晚年过得幸福。我的小妹小时候受过刺激,精神有些呆滞,日常生活需要帮助,我要尽量使她能健康快乐地度过每一天。在1969年父亲去世前,我每天都要安排好家事再上班,每天都要照顾好病人再下班。家事、国事,事事都要做好,件件不能懈怠。

1969年前,我没有时间精心设计个人的未来,没有仔细考虑过个人的婚姻。多年来,我习惯了十分充实的单身生活。我相信婚姻是一种缘,一切随缘吧!有缘千里来相会,无缘相逢不相识。是属于我的,迟早会来的,等吧!

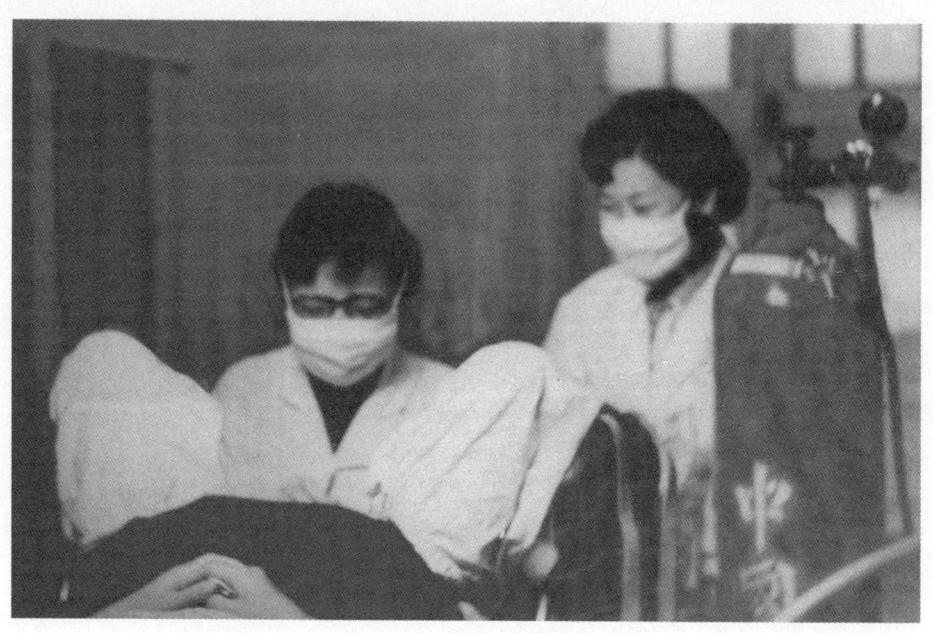

为门诊病人检查(1966年)

二 相识相知

我和家桢的相识真是一种缘。在此之前,曾有许多热心朋友关心过我的婚姻,给我介绍过男朋友。我对朋友们的关心虽然充满着感激之情,但始终都以家事忙、工作紧张等理由婉言谢绝了。

1. 我成了他的忠实听众

1972年初,我院会计科的蔡铭华女士在和我闲聊时谈起了复旦大学的谈家桢。她说,复旦大学的谈家桢,"文革"开始后就被造反派斗得死去活来,他的夫人也被批斗自尽了,老先生现在一人生活,十分孤寂,很想找个医生或护士陪伴终生。

我对她的话无动于衷。她有点急了,干脆挑明了对我说:"我觉得你挺合适的,能否和谈家桢见见面。"

我二话没说,立即回绝了她的建议。可蔡铭华并未因此而气馁,由此放弃。她干脆告诉我,她是受

家桢在作学术演讲

新婚第二年,我们去杭州西湖(1974年)

她弟媳母亲的委托,为谈家桢物色合适对象的;她弟媳的母亲是在上海市妇女联合会工作的李青婉,对谈家桢很了解,很同情老先生,很想为他介绍个合适的人,陪伴他终生。蔡铭华一次又一次地向我介绍谈家桢的为人。她告诉我,据李青婉说,谈家桢是重感情、讲义气的人,是坚持真理、坚信科学的科学家,是师德高尚的名师,是心胸宽广、乐观向上的真男子,这样的人是值得信赖的;你同他见见面,他又不会"吃"了你,假如谈得来可以进一步交往,如果距离很大也就算了,算是结识一个新朋友;交个朋友总没有什么关系吧!

我觉得蔡铭华的话句句在理。而蔡铭华平时的为人我也是很清楚的,她待人热情而诚实,她做事认真而负责。最终我被她说服了,同意和谈家桢见见面。

我和家桢第一次见面就很自然,他的热情大方令我顿生好感。初次见面,他就告诉我,原本幸福温馨的家,在"文革"初起就轰然倒塌了。他告诉我,在他的心目中,家是"避风港",家是"加油站",事业的发展离不开家,个人生活的幸福离不开温馨的家。家破人亡后,他感到

山东曲阜孔庙(1981年)

十分失落,十分孤寂。为了发展中国遗传学的大业,为了个人的生活幸福,他都需要有个家。

家桢第一次见面就那样直率、那样真诚地向我坦露心迹,真令我十分感动。细细品味他所说的话,我感到含义很深,也很实在。对每个人来说,人生确实犹如大海上航行的船、公路上疾驶的车,为了航行的安全,就要有能避风躲浪的港湾;为了继续不断地向前行进,就

与陈赛娟合影(2009年)

要有提供燃料的加油站。第一次面对面,我俩就产生了共鸣。在以后的交往中,基本上是家桢用他带有磁性的声音在向我倾诉,是家桢在向我讲述他那真实而感人的故事,每次我都是他的忠实听众。

他对我讲过他对达尔文的钟情,讲过他的基因紫梦,讲过他所经历的难忘岁月,讲过毛泽东主席对知识分子的关怀……总之,我们的每次交往,都会使我有新的感悟、新的收获。其中印象最深的是他到农村与贫下中农"三同"的经历和棉花的故事。

2. "三同"的故事

他告诉我,在他家破人亡、妻离子散的悲惨境遇中,造反派没有给过一丝同情,而是在1967年把他遣送到宝山县罗店公社天平大队的北严生产队,在那里要他与贫下中农"三同"。他说:"'三同'就是与贫下中农'同吃'、

在香港林辉实家的花园里(1985年)

在长江巫峡(1995年)

'同住'、'同劳动'。"实际上是想让当地农民,每天24小时监视他的一举一动。

家桢告诉我,罗店是上海郊县赫赫有名的一块黄金宝地。"金罗店、银南翔、铁大场",几乎是宝山地区的流行语,可他看到的真实罗店与穷、苦、落后相距并不太远。造反派安排他与唐金妹家"同吃"。唐金妹家是贫下中农,一家四口,除她本人外,还有三个儿子:两个是20岁左右的正劳力,一个是8岁小孩。这个家真是家徒四壁!他们家只有一个8岁的孩子没有参加劳动。然而,母子三人辛勤劳动一年还挣不到全家的口粮钱。因此,他们连续六年是"透支户"。"透支户"就是劳动一年创造的价值还不够分配给他们全家的口粮钱,换句话说,他们已连续六年欠生产队的钱了,他们是靠别人养活的。北严生产队的劳动所得是劳动一天可挣5角钱,要到年底才能兑现。唐金妹一家是靠预支生活的,就是每月先向生产队借钱。按规定,他们每月大约可预支到5元钱。一家的开门七件事,也就是柴米油盐酱醋茶的开销,一个月只能是5元钱,开门的

在上海外滩(1993年)

每件事只能用7角多一点的钱。为了节省开支,他们只能把酱醋茶省了,油也几乎不沾边了。穷的结果必然是苦,一年的"同吃",几乎没有吃过鸡鸭鱼肉虾,每天的当家菜就是唐金妹自己腌制的咸菜做成的汤,萝卜青菜也难得上桌面。一日三餐几乎都是干粥或烂饭,还不能敞开肚子吃。唐金妹家可能是全队最穷最苦的,有的人家个个都会劳动,也有的人家有家人在外面挣钱,吃得就会好一点。

在水乡周庄(1998年)

农民不光是吃得苦,穿得也不好。冬天难御寒,男人夏天只穿裤子不穿上衣。劳动也很苦,不仅劳动时间长、劳动强度大,"面朝黄土背朝天、弯腰曲背几千年"的劳动方式几乎是一成不变的。

家桢告诉我,唐金妹一家待他很好,第一次进门就叫谈先生。久违了的这一声称呼,确实使他重新找到了人间的真情。虽然天天吃得很差、很苦,可彼此间十分融洽。由于同吃一锅饭、同喝一碗汤,时间一长,彼此间真的亲如一家人了。

家桢告诉我,他在罗店的一年,确实是天天与贫下中农同劳动的。不管是赤日炎炎、刮风下雨,还是寒风刺骨、冰封大地,只要有人在生产队劳动,一定会有他的身影。他真正体会到了农村劳动的艰辛。

"三同"中唯一名不副实的是"同住"。他对我说,当时的实际情况是"资产阶级知识分子"同住在由造反派安排的农民闲置房内。他告诉我,他住的那间房是一家农民的客堂间,原来放着一些农具、祖宗牌位和一口大缸,后来搬进两张从复旦大学学生宿舍运来的双层单人床,两床面对面靠墙放着,进门靠缸的一张是两个"资产阶级知识分子"的床,对面一张是学生红卫兵和工宣队员的床。第一个晚上，两张床上四个人一个也不少。第二个晚上，学生红卫兵的床空着。白天，工宣队员突然问他："谈家桢，侬吃得消吗？"

这是为什么呢？难道造反派要发善心为他改善住宿条件了吗？他想那时候是不大可能出现这种情况的，于是便回答道："我是来接受贫下中农再教育的，也是来向你们学习的，吃不消也得坚持在这里住呀！"

工宣队员听了这话后没再说什么，可到了晚上，他的铺位一直空着。原来，他踩着自行车回到就在邻近公社的自己家里去了。从此之后，与我同住的就是另一个同属"资产阶级知识分子"的年轻人。后来才知道，红卫兵和工宣队员不来睡觉的原因与我们床头那口大缸有关。这口大缸中放着养鸡场运来的坏鸡蛋，这是农村喂猪的精饲料。然而，坏鸡蛋散发出来的硫化氢之类的臭味确实令人作呕。

"高贵"的工宣队员和红卫兵挡不住坏鸡蛋的臭味竟然溜之大吉了，只留下两个"卑贱"的"资产阶级知识分子"在一起同住了。

家桢在给我讲他的"三同"经历时，不断地在问："我们的衣食父母为什么

在复旦大学办公室(1997年)

在美国芝加哥的游艇上(1990年)

自己穿不暖、穿不好、吃不饱？农民为什么还这样穷？农村为什么还这样落后？我们真的要关心关心农民、农村和农业。"

真想不到家桢在运交华盖、时时受掣的情况下，居然还会想到农民、农村和农业的命运。一个人在考虑自己的时候同时也想到别人，这就是好人了；而在命运多舛的时候还能想着别人，就不是一般的好人了，一定是能担当重任的好人。家桢在年近花甲之时，能经受住工宣队员、红卫兵都无法承受的环境，能与贫下中农同吃一锅饭、同喝一碗汤，与贫下中农同样日出而作、日落而息。他的行动使我想起了我国古代思想家孟子的一段话："天将降大任于斯人也，必先苦其心志、劳其筋骨、空乏其身……"

我相信家桢就是孟子所说的"斯人"。

在上海南京路上(1999年)

在美国参观航天展览会（1994年）

3. 棉花的故事

家桢给我讲的两个有关棉花的故事也很动人。第一个故事发生在20世纪70年代初。当时，上海有个年轻的电工称：他用弱电流刺激普通棉株时，能使它产生长绒棉，而且普通棉株变成长绒棉后，长绒棉这个性状还能稳定地一代代遗传下去。如果真是这样，的确是一大奇迹。然而，那时不可一世的姚文元根本不问青红皂白，是真是假，居然在一份有关报道这个奇迹的报纸上批上一段话："要通过电刺激棉花走中国遗传学发展的道路。"最可怕的是，手中有权又不懂遗传学的人在看到姚文元的批示后，不遗余力地推波助澜，煞有介事地整资料，办展览，开现场会，掀起了一场闹剧。可是，权力无法代替科学，闹剧虽已上演，却不知如何收场。他们拿起了惯用的杀手锏，

在谈养荷女儿结婚的喜宴上(1994年)

就是把假的说成是真的。为了假戏真做,居然连吓带拉,要家桢参加他们的啦啦队,要按他们定的调子鼓吹一番。家桢绝不是那种一吓就软、一拉就走的人。靠吓、靠拉没有达到目的,于是就勒令他去总结这个青工发明的棉花电刺激经验。当时,在上海市农业科学院有一个棉花电刺激的现场,要他每天从复旦大学跑到农科院。高压和强权可以限制人的自由,但永远也得不到人心。对付高压和强权的办法,就是消极怠工。他虽然天天到现场,却是来它个哼哼哈哈装糊涂。一天接一天,棉花收摘了,短绒的棉花无论怎样电刺激还是没有变成长绒棉,白白浪费了许多人力、物力和财力。到头来,电刺激棉花的闹剧只得草草收场了。

1972年,中国大地上又出了个关于棉花的奇迹,这次出奇迹的地方不是上海,而是在四川。当时,四川有个农民用蓖麻和棉花杂交培

在杭州西子湖畔的刘庄休养(2000年)

在长江三峡的游船上(1994年)

育成功蓖麻棉，这个农民还用有机颜料染色染出了能代代相传的有色棉。当时复旦大学的当权者对遗传学一窍不通，煞有介事地问家桢对农民的创造有何看法。他告诉他们："搞科学研究至少应具备两个条件，一是观察，二是实验。我对蓖麻棉和有色棉既未亲眼所见，又未亲自实验，实在不敢妄加评论。"

想不到这一实事求是的回答居然激怒了一个工宣队头头，他以为家桢顽固坚持反动立场，瞧不起农民，不承认贫下中农的创造。为了压压家桢的"嚣张气焰"，便责令他到四川向这位农民学习。工宣队一声令下，家桢和另一个青年知识分子到四川跟创造棉花奇迹的这位农民学习了。

家桢他们到达四川时，这位创造奇迹的农民已调离他所在的生产队，到公社任党委书记了。他对家桢他们的到来是很欢迎的，也毫无保留地向他们传授他创造蓖麻棉和有色棉的技术。然而，家桢他们在那里认认真真地学了一个月，依然没有得到蓖麻与棉花结缘所产生的后代，当然颜料染棉花种子和颜料倒在柱头（雌蕊顶端承受花粉的部分）上，是不可能得到有色棉的。

在英国伯明翰国际会议大厅(1993年)

家桢在讲述棉花的故事时一再强调,科学是实事求是、老老实实的学问,来不得半点虚假;强权不能代替科学,强权与无知结合就比无知离真理更远。

棉花的故事,使我看到了一个科学家在强权和高压下维护科学尊严、保持科学家良知的智慧。我佩服家桢的才智,同样也佩服他在强权和高压下所表现出来的实事求是的科学精神。

4. 我被他的人格魅力折服了

每次交往,每个故事,都在缩短我与家桢之间的距离。在近一年的相互了解中,我被他的人格魅力折服了。就在我决定把后半生托付给他时,他再次向我说明:"我家无余财,现在名为'解放',却时时受掣,依然是全国都知道的'资产阶级学术权威'。"

我们终于结婚了(1973年)

我也坦然地告诉家桢:"我并不在乎你有没有余财,也不在乎人家如何看你,反正我认定你是有情有义、坚持真理的坚强男人,我要的是你那颗能一辈子温暖我的心。"

一年左右的交流,终于使两颗心逐步贴近,最终贴在一起了。我们各自把我俩准备结成伉俪的决定告诉了自己的家人。家桢还把他的家人召集到南京西路的国际饭店,与我见了一次面。他的家人都受过高等教育,很有素养,大家在一起时,相互交谈也十分融洽。此后,两家人开始为我俩筹备婚礼了。1973年6月5日,我兴冲冲地来到复旦大学第九宿舍家桢的住处,就在这里举行了婚礼。两家人围坐在同一张桌边,举起酒杯祝福我俩白头偕老、永结同心。婚后的第二天,我俩就离开上海到无锡开始了为期一周的蜜月游。从无锡回沪后,我俩各自回到自己的单位各干各的事了。

三 一切有我

我俩结婚不到一年,家桢就和遗传学专业的工农兵学员一起到江苏泗阳县棉花原种场去学习育种技术了。从泗阳回校后,与家桢同去的刘祖洞教授告诉我,他们在泗阳一切都很好,泗阳棉花原种场的干部、职工都很好客,食宿都很习惯,就是谈先生在那里常跑厕所拉肚子。

与老学生刘祖洞夫妇合影(1993年)

1. 是乙状结肠癌

我听到这个消息,立即督促家桢到医院去检查,一定要查出病因。可他在嘴上答应得好好的,等我上班离开家后,他依然我行我素:不上医院检查了。就这样拖了两三个月,到1975年1月,他就到北京去参加第四届全国人大第一次会议了,会议期间腹泻次数多了,他还是认为这是普通的肠胃病。会议结束回到上海后,腹泻不止的现象愈益严重,而且大便中还夹带有少量的血。就在这种情况下,他还准备与刘祖洞等一起到安徽大别山区去调查遗传病。这时候,我再也不能让他一意孤行了,便很严肃地对他说:"不行,

手术后的全家合影(1975年)

这件事得听我的,你不能出差,一天也不能去!"

这次他总算听我的话留了下来。我担心他留下后还是不到医院去检查,于是特地向单位请了假,陪他到长海医院作全面检查。之后,经放射科专家荣独山教授的指点,入住长海医院作进一步的检查,结果怀疑是乙状结肠癌,决定在长海医院住院治疗。

住院后,在长海医院整整又检查了一个月,光片子就拍了60多张……

结果出来了,确实是乙状结肠癌!

具体情况是,大便中的"潜血"实际上是瘤子开花,所幸的是浆膜未破,尚可手术,否则就会导致急性腹膜炎,腹水渗出,至多只能延续一二周的生命。为了挽救家桢的生命,我当机立断,请医院尽快安排手术。

2. 善意的谎言

频繁的拍片,邀请上海各大医院的肠道科专家会诊,以及最后的手术治疗,引起了家桢的警觉。他意识到,大便带血已不是一般的小病。他仔细端详着我的脸,密切注视着我的脸色变化,反复问我:"是不是癌?有没有危险?"

为了减轻他的心理压力,我只能暂时隐瞒真相,编织了善意的谎言:"不是癌,是肠子上长了块息肉,别紧张,没有关系的。"

他仍然不大相信我的话。他说:"你不要骗我。"

在华东疗养院内散步(1996年)

我继续若无其事地对他讲："你只要看着我的脸,我脸色忧郁就表示有问题,我的脸上笑眯眯的,就是没有问题了。"

学校里的同事和学生知道家桢罹患乙状结肠癌后,纷纷前往医院探望,有的未开口就先红了眼圈,有的强装笑脸却又言不由衷,他们的表情肯定瞒不过家桢的眼睛。为了让家桢在手术前有个安静的环境,我耐心地劝阻这些前来探望家桢的好心人,请他们在手术前暂时不要到病房探视,等一切有了定论后再说。所有前来探望家桢的好心人都能理解我的一片苦心,在留下他们对家桢的美好祝愿后就离开了医院。

善意的谎言只能瞒过一时,绝对不可能长期隐瞒下去。我经过反复思考,还是决定把真相逐步告诉家桢。尽管我是用十分平和的语气告诉他的,但他听到自己得的是癌症后还是非常震惊。

他转过头去沉默了一会儿,然后又回过头来看着我。这时他的脸上已明显地显露出惊慌与不安。

波涛初起,气氛显得相当沉闷。

"别担心嘛,一切有我呢!"为了打破沉闷,我进一步劝慰他:"真的,现

在华东疗养院与医护人员合影(1996年)

在我们应该庆幸才是。这种瘤发现得早并不可怕,割掉它就行啦,要相信现代医学嘛。我会时刻守在你身边的,再说这里医院上上下下对你都很重视,因为你是毛泽东主席亲自点名'解放'的全国八大教授之一嘛,他们都晓得的呀!"

我的劝慰,对他果真起了作用,他的脸部表情明显地由"阴转晴"了,他战胜病魔的信心被我鼓动起来了。当即他就对我说:"你放心吧,我一定会好好配合治疗的。"

沉思一会儿他又叹息道:"唉,你不知道,我还有多少事情想做啊!"

3. 作了个与家桢生死攸关的决定

家桢情绪稳定后,我又将他的切片仔细地看了一遍,发现其中活跃的癌细胞较少,这就表示恶性程度不高。我比较安心了,开始和院方商量手术方案。

手术前三天的下午,各科专家聚集一堂讨论具体的手术方案了,讨论的时候我也在场。讨论会开得认真而热烈,凡是能想到的问题统统都提了出来,连谁是主刀、谁是第一助手、谁是第二助手都作了具体安排。会议结束前,准备主刀的王主任问我对手术方案有什么意见和建议,我如实地把自己的想法告诉了他们。我对王主任说:"方案很好,我建议尽量不要做人工肛门。"

王主任很重视我的建议,立即把家桢的病历卡仔细复看了一遍,发现上面未写明病灶与肛门有一定的距离,因而特地又做了一次乙状结肠镜检查。检查结果,可以不做人工肛门。就这样,院方采纳了我的建议。

与华东医院的医护人员合影(1998年)

会后第三天,我在家桢的病床旁,看着医生把他推进了手术室。我一直守候在手术室外。由于手术难度很大,主刀的王主任经过审慎又熟练的反复触摸,在完全确定病灶后才干净利落地把病灶一一切除。此时,时间已经过去11个多小时了。

手术刚完,王主任摘下口罩顾不得休息就走出手术室对我说:"好险哪,幸亏及时手术,如果再迟10来天,就有可能穿孔,到那时再手术的话,就凶多吉少了。"

我听了王主任的话,心中窃喜,觉得自己做了一个与家桢生死攸关的决定。如果不陪他去检查,如果不及时送进医院,如果不立即手术,那后果将会……但是,我十分清醒,手术只是恢复健康的第一步,以后的护理绝不能疏忽大意。

术后恢复得很好,但化疗也不能放松。术后两三个月后,上海的天气相当闷热。我俩想了很多办法,最后决定到庐山去休息一段时间。于是,我带上针药和日常用品,与家桢一起上了庐山。在那里度过了一个多月的假期,我们就回到了上海。此时的家桢还需要精心护理,除药物、营养要及时调整外,还需要精神慰藉。大病初愈的人,不仅在药物、营养方面要及时调整,情绪上也不能大起大落,既要有战胜疾病的勇气,也要有实事求是地面对现实的决心。为了家桢的健康,为了他能早日康复,我决定向自己的工作单位请假,以便全身心地护理家桢。可是,我工作的上海电力职工医院的院长没有批准我的假条。平心而论,院长不同意我请假也有他的道理,因为医院好几年都没有医学院校的毕业生补充进来,像我这样有着长期临床经验的医生并不多,他从医院工作出发不同意我长期请假也是可以理解的。可对于我来说,就进退两难了。如果不请假,家桢谁来护理?家桢需要的不是一般的护理,而是要根据变化要求的精心护理。我思前想后考虑了好久,觉得精心护理家桢的最合适人选就是我,任何人也无法替代。当然,我请假确实会给上海电力职工医院带来一定的困难,但我毕竟只是医院的一名医生,是一名可以由其他医生替代的普通医生。在权衡了两者孰轻孰重后,我最终决定请假不成就提前退休。我把自己的想法告诉了家桢,他也同意我的意见。所以,我在请假的同时,也交了退休申请报告。

1975年,家桢逃过了一次劫难,康复得也比较理想。

4. 真的好累

1976年,是中国时乖命蹇的多难年代。1月8日,中共中央副主席、国务院总理周恩来逝世;7月9日,全国人大常委会委员长朱德病逝;9月9日,党中央主席毛泽东与世长辞。短短半年多的时间,中国三位重要领导人相继去世,这无疑是党和国家处于危难的时刻,人们为此而痛苦、焦灼和忧虑。家桢也是如此,尤其是毛泽东主席的去世,更令他回忆起主席几次对自己的殷殷垂顾,如今伟人已去,怎不令人悲痛欲绝!

当年上海市在文化广场设有毛主席的灵堂,由党政军领导及各界知名人士轮流为毛主席守灵。家桢也被叫去守灵。虽然只有短短的20分钟,但内心的巨痛和现场哀乐低回、痛哭饮泣的悲痛场面,还是几乎让他昏倒。家桢一回到家,我见他脸色苍白,拉出的大便呈深黑色(这是带血的结果),便不由分说,拉起他就往医院跑。医院检查结果表明,粪便内血为强阳性,他的血色素已降至80克/升左右。于是,我就为他办了急诊住院手续。

家桢住院了,我又只好向上海电力职工医院请假了,医院领导还是不同意我请假,只有家桢需要手术时,他们才同意让我请假。我无法违抗他们的决定,只能每天单位、病房两头跑。真的好累!

家桢住院检查的结果出来了。那时的长海医院,已是第二军医大学的附属医院了。医院诊断结果表明,大便里带血是广泛性、糜烂性、萎缩性胃炎的结果。解决的办法只有一个:再次手术!

在病房里过生日(2006年)

第二次手术由吴孟超教授主刀。一刀下去,竟发现胃部全黏连了,必须十分细致地剥离,为了彻底清除病灶,把胃也切除了三分之二。这次手术整整做了6个小时。

在手术的当天晚上,我在半醒半睡中似乎听到家桢嘴里发出的咀嚼声。我立刻睁开眼循着声音发出的方向望去,一看真是吓了一跳,原来插进胃里的胃管,从胃里滑出来堆在口腔里了。我马上叫值班医生,可值班医生对此束手无策。此时,只好我与他一起小心翼翼地把消毒胃管再插入胃内,以防吻合口破裂。

护理病人,尤其是护理像家桢这样刚动过手术的重症病人,是要事事当心、处处留神的,稍有不慎,就会增加病人的痛苦,或者造成无法挽回的结果。

第二次手术时,由于胃壁脂肪厚,为了保险起见,吴教授多缝了一道,于是,术后吻合口便不畅通了。经过多次会诊并采用中药、西药、球蛋白、白蛋白、输血等多种措施,还是没有明显改善。这时插着胃管的家桢急了,他问我:"这次我能逃过劫难活下去吗?"

其实,我也很急,可我绝对不能给他增加心理压力,一定要鼓起他战胜病魔的勇气。我笑眯眯地对他说:"不要紧,惊涛骇浪都经过了,还怕这点风浪?一定没有问题。"

尽管插着胃管,胃里的积液还是很多。为了避免胃积液撑破伤口,每隔4小时就要抽取一次胃积液,每抽一次约为四五百毫升。几天下来,我明显消瘦了。吴孟超教授看到我这样劳累,特地在晚上派了两个年轻护士来代替我一下,让我在晚上能得到休息。可年轻人一到深更半夜,眼皮就不自觉地合

与老学生徐道觉夫妇合影(1994年)

上了。抽积液的事还得我亲自做。这样几个晚上下来,年轻护士干脆就不来了。

除了每天每隔4小时抽一次胃积液外,熬制中药也需要讲究火候。给家桢配制中药的专家指定,每次服药量要煎到25毫升。这25毫升就很有讲究,与最初的加水量、火的大小、熬制的时间都有关系,一个环节出了问题就会影响药效。为了让中药能起到应有的作用,每次熬制都是我穿了白制服亲自操作的。

经过整整18天的悉心护理,家桢的胃肠终于畅通了。胃肠一通就不再禁食:先从流质开始,再吃软食。能自主摄取营养了,家桢的体重开始增加,脸色透出了红润,精神也大有好转。在医院又待了两三周,他就出院了。

回家后,我必须保证他的营养,还得根据他身体恢复的情况及时进行调整。刚回家时,饮食以火腿丝菜丝面条、猪肝粥、藕粉为主,而且要少吃多餐,每天吃六顿。一天天好起来了,可以下床活动了,此时如果还是这些食物就不够了。我想到了民间传说,在老家就曾听到过这样的说法:甲鱼大补,有防癌抗癌的功效。为了证实这一传说是否有依据,我查阅了有关文献。据文献记

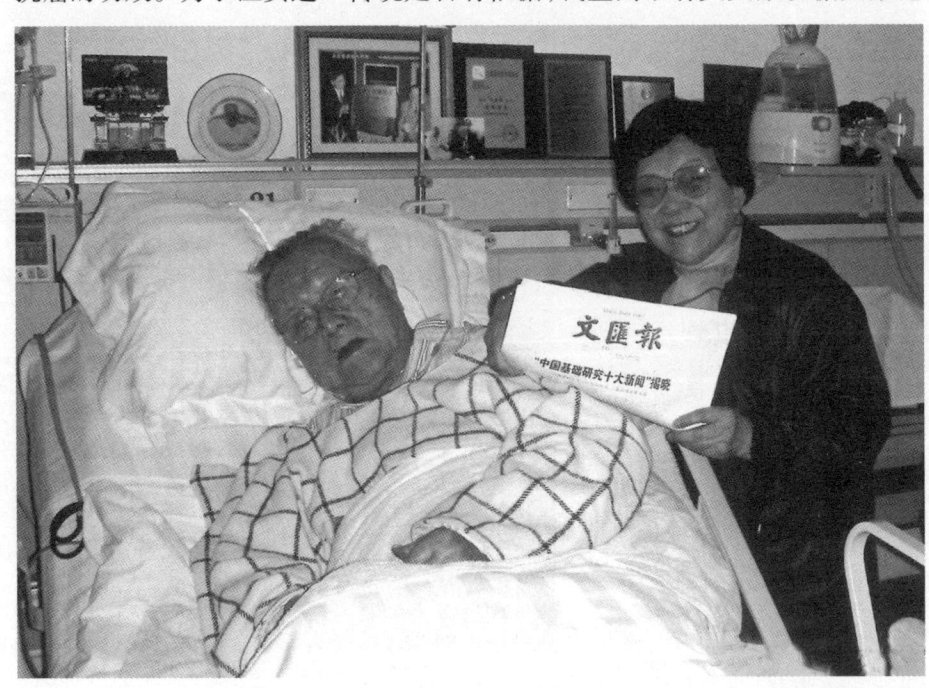

在病房里为家桢读报

载,鳖甲性寒,味咸,滋阴除热,有消结软坚之功能。因此,我就不惜财力,写信给农村的堂房侄子,请他代购野生甲鱼(当时只有野生的),每只体重最好不超过0.75千克,并嘱托他购买后即刻送到上海。侄子每次帮我买到七八只或十多只甲鱼后,就风尘仆仆地送到我家。我把暂时不吃的甲鱼,先养在缸里。就这样,我每天给家桢隔水蒸一只甲鱼,上午、下午各吃半只,前前后后大约吃了100多只甲鱼。他的身体也确实一天天硬朗起来了。

除营养外,出院后还需要不断地化疗。家桢嫌上医院化疗太麻烦,因而在征得医生许可后,他的化疗就在家中进行。他躺在家中的一张藤榻上,藤榻旁边绑一根手杖,就成了简易的化疗床。化疗药瓶就挂在手杖上端。我帮他挂好药瓶后,就坐在旁边陪着他。幸好他对化疗没有任何不良反应,胃口也不减,至多在化疗后白细胞会有所下降,但也维持在$(3\sim4)\times10^9$/升。就这样,他在家里连续做了4年化疗,每次化疗的医生和护士都是我。

4年后,化疗停止了,可还服用了一年的药丸。这种药丸有利于化疗病人的康复,是家桢在美国的一位学生徐道觉的女儿徐正元从日本买来送给家桢的。

5. 爱在逆境中升华

从家桢被诊断患癌那天起,我就决心用全身心的爱去帮助他创造与癌症作斗争的奇迹。我一开始就完全相信他会好的,他还要把毛泽东主席交待的事做好,他不能死。他也知道,我俩不能分离,为了我,他也要坚强地活下去。

在家桢的病房里,没有眼泪和无奈的叹息,没有对死亡的恐惧和悲戚,始终充满着生的希望,也充满着爱的温暖。多少个日日夜夜,我几乎寸步不离、时刻守护在他身边。

真的,爱的力量是无穷无尽的。爱是回春功,爱是还魂丹。这种精神力量和科学治疗与护理结合起来,完全可以产生实实在在的效果。

在家桢离开医院回家休养康复的时候,我由于过度劳累也病倒了。当时诊断结果是子宫内膜腺瘤,这种腺瘤极易癌变,需及时手术切除。家桢知道后,坚持要我立即住院手术。尽管他自己还在康复中,需人护理,他还是把我

与老学生施履吉夫妇合影(2003年)

送到我工作的上海电力职工医院,等手术方案确定之后才回家休息。家桢还请了他熟悉的红房子医院的张惜阴主任医师及肿瘤医院妇产科的陆树贤主任为我动手术。在手术时,他又来了。看到手术顺利,他的脸上露出了高兴的笑容。他还坚持要陪护我。我怎么也不同意他的这个要求,因为他还是个没有完全康复的病人呀!可他就是固执己见,他的意见无法改变。最后,经过协商,同意他陪护我3天。

家桢在患病的时候,还是一个没有改造好的"资产阶级知识分子",那时学校里还没有还他自由,他还身陷逆境,而我俩的感情恰恰是在逆境中完全融为一体的。我俩在患难中相互照顾,我们之间的爱也在冲出逆境、共度患难中升华。

四　风雨同舟

1968年10月,中国共产党八届扩大的十二中全会在北京召开。在这次会议上,毛主席作出了解放全国八位教授的决定,要给这些教授恢复自由。这八位教授中,就有谈家桢。

毛主席还特别指出:"谈家桢还可以搞他的遗传学嘛。"

听到毛主席的决定后,造反派出于无奈,只好把在罗店强制劳动的家桢调回学校。家桢从罗店回校后,上海市和复旦大学的造反派已像脱缰的野马恣

在家中吃饭,真舒服(1984年)

意妄为,居然敢限制家桢的人身自由。这时候,家桢没有个人活动的空间,每天干什么?什么时候干?都得听从造反派的安排。此外,连个人通信和私人交往也要经造反派审查或批准。

1. 家桢的心在受煎熬

在聚餐会上他为我夹菜(1992年)

就在家桢从罗店调回学校不久,数学家华罗庚先生陆续给家桢寄来两封信。华罗庚告诉家桢,信是王震将军委托他写的。因为毛泽东在作出解放八教授决定后不久,就建议王震多与知识分子交朋友,而且特地把谈家桢介绍给王震。王震将军过去从未和谈家桢打过交道,为了落实毛主席的建议,就找到华罗庚,请他从中拉拉线、搭搭桥。华罗庚在信中把王震将军的打算告诉了家桢:他打算在家桢方便的时候与家桢一起到全国各地走走、看看,为家桢开展遗传学研究作点准备。

收到华罗庚的两封来信后,按照造反派的规定,家桢把信交给当时的复旦大学革命委员会了。本想革命委员会会很快把信退回,并给出明确的答复,因为只有有了答复才能复信呀。可左等右等,不仅等不到任何回音,连信也没有退回。"泥牛入海,有去无回",究竟是怎么回事呢?这个谜直到粉碎"四人帮"后才解开。原来,当时的复旦大学革命委员会把家桢交给他们的两封信,送交上海市革命委员会了,上海市革命委员会的某头头在信上批了

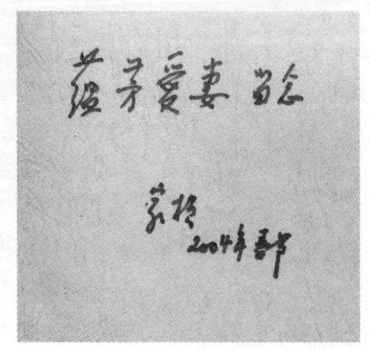

家桢给我的题词

这样一句话:"这些老家伙,就是喜欢这样的人,不去理他。"

此时的该头头真是权倾朝野,不可一世。复旦大学的造反派就秉承该头头的主意,不给回音也不退信了。由此可见,毛泽东说的:"谈家桢还可以搞他的遗传学嘛!"一到上海就只能泡汤了。

上海的造反派,倚仗上层有人撑腰,气焰十分嚣张。他们对毛泽东的爱将王震将军特别反感。1974年王震将军要和家桢见面,他们也要从中作梗。

当年冬天,王震带着毛泽东给家桢的口信来上海了。上海的造反派虽然不敢与毛泽东的信使公开叫板,但还是不愿让王震和谈家桢无拘无束地畅谈。他们派出了自己的干将作为"陪同",与家桢同往王震下榻的地方一起参加会晤。关于这次会晤的情况,家桢的回忆是这样的:

在泰国旅游(1994年)

1974年冬,王震将军抵沪,在他下榻的新乐路东湖宾馆,邀约我前往晤谈。这是一次无法深入展开的简短晤谈。

我是在获得"复旦大学革命委员会"的准许后,在由他们派出的一个"陪同"同往的情况下前去宾馆的。

见面之后,王震抓住我的手紧紧握了又握。

坐定后,王震躬身凑近我,一字一顿,语重心长地说:"毛主席很关心你,他在病中还没有忘记你。这次,让我带口信给你,问这几年为什么没有见到你发表的文章。有什么话还可以说嘛!"

这段话,每一字、每一句,都说到了我的心坎里;每一字、每一句,都是我期盼和等待已久的!

这段话,表述了毛主席对我的关爱和期望,也表达了毛主席对中国遗传学事业的关爱和期望!

家桢为我过85岁生日(2007年)

我凝视着坐在自己前面和蔼可亲的王震将军,百感交集,一时如有千言万语,不知从何说起。回过头去,我看到了身边那个虎视眈眈的"陪同",我苦笑着,只向老将军说了这么一句话:"谢谢他老人家,我是要把遗传学搞上去呀!"

这就是毛泽东的信使和家桢的私人晤谈,旁边还有心怀叵测的"陪同"。在这样一个尴尬场合,还有什么发自内心的私人意见可谈!

家桢确实是要把遗传学搞上去啊!但遗传学是来自实践又指导实践的一门实验科学,是要有条件的,不是每天坐在房间里想出来的,连个人自由也没有,又怎么搞遗传学研究呢?

此时的家桢,确实处在"欲干不能,欲罢不忍"的尴尬境地,他的心在受煎熬。每天回到家,他不是长嘘短叹,就是闷闷不乐。见到他着急,我也着急,我觉得造反派的做法是一种心虚的表现,就在家桢面前直抒己见。我告诉家桢:"'莫道云吞日,终究太阳红',这是规律。造反派为什么扣你的信?为什么你与王震会面也不放心?说明他们十分心虚,因为毛主席要你搞遗传学,造反派不让你搞,这本身就是在对抗毛主席。王震与你会晤,他们更怕,怕你把他们不让你搞遗传学的真相让毛主席知道。总之,造反派是在倒行逆施,他们怕这怕那就是表明他们搞的那一套不得人心。等着吧!面包会有的。"

我的话还果真驱散了笼罩在家桢心头的愁云。看到他舒展的眉心,我也非常开心。

2."大地微微暖气吹"

1971年9月13日,在"文化大革命"中兴风作浪的林彪和他的老婆、儿子在叛逃中摔死了。这无疑是"文化大革命"中的一件"当惊世界殊"的大事。毛泽东主席为之震惊,善良的中国百姓无不额手相庆。

那时,表面上看,中国大地依然是人人喊革命、处处在造反,实际上神州大地上出现了要科学技术、要文化知识的呼声。其标志性的事件是:1972年中国与美国两个敌对国家的高层领导坐在一起商谈了,而且还取得了多方面的共识,签订了中美上海《联合公报》,为中美两国建交奠定了基础;1973年停课停招多年的中国高等学府恢复了结合文化考查的招生。

无论是中美上海《联合公报》的签订,还是高校恢复招生,都迫使掌握大权的造反派调整了对待知识分子的策略。

例如,在中美上海《联合公报》签订后,中美两国间开始互相交流了。教育、科研是最令人关注的领域,美国的教育、科研代表团到中国来参观访问了,高等院校、科研院所理所当然地成了这些代表团光顾的地方。按照外事接待的对等原则,美国代表团来的几乎都是专家教授,接待的也应该是专家教授。这样一来,掌权的造反派想接待也没有资格,而中国的专家教授又都是"没有改造好的资产阶级知识分子",让这批人去接待外国人,他们实在不放心;而不让这样的人去接待又无人可用,真是一筹莫展!

外国代表团来了,已经火烧眉毛了,他们管不了那么多了,不得不让那些"没有改造好的资产阶级知识分子"粉墨登场了。家桢就是在这种情况下被造反派硬推出去接待外宾的。

3. 简直是活受罪

在我国,大家都知道疑人不用、用人不疑的用人之道。可那时用来接待外宾的知识分子肯定是不能被相信的,但又不得不用这些"疑点重重的人"。好在造反派中也有一些摇鹅毛扇的,如在家桢交上去的信上胡批乱写的某头头,就是这类人物。他们绞尽脑汁,终于抛出了对接待外宾的那批"没有改造好的资产阶级知识分子"的对策,这就是"先批后用,批批用用,用了再批"的对策。根据这个对策,在接待外宾前,先批判接待外宾的"资产阶级知识分子",批他们的资产阶级世界观,批他们的崇洋媚外和洋奴哲学,还要批资本主义制度的腐朽没落、资产阶级的尔虞我诈。按照造反派的说法,这是打预防针,防止资本主义的毒菌污染。"资产阶级知识分子"在接待完外宾后不能休息,要立即向造反派汇报接待的过程,汇报这批外国来的资产阶级知识分子说些什么,提些什么问题;还要汇报你是如何回答的,你有什么看法等等。这还不算完,接下来的是再批判,批判接待人员的资产阶级世界观,批判外国资产阶级知识分子的资产阶级思想。等批判完了后,再要接待人员写成书面汇报。就这样,每接待一次外宾就要受一次活罪;每接待一次外宾后,家桢都会筋疲力竭、郁郁寡欢。

4. 他在我的唠叨声中平静了

我知道,回到家的家桢需要体力上的补偿,需要精神上的安慰。我除了使他能吃上热饭、热菜、热汤外,尽自己的条件尽可能给他补充点营养,如加个鸡蛋、冲杯奶粉等等。此外,我告诉他:"对造反派的所作所为,不要像对待科学那样认真。中国人都知道一句古话叫:'秀才遇到兵,有理说不清',现在造反

与曼琪夫妇、谈洪夫妇和谈龙合影(1994年)

派就像旧社会那些不讲理的兵。对这些不讲理的兵,你只能顺着他们给你的竹竿往上爬,他们说你顽固坚持资产阶级反动立场,你只能说,我有罪,资产阶级的一套是'软刀子杀人',反正你没有罪,你也没有杀人。他们要你批判检查,你就按照他们的要求检查。他们要你天天写、日日批,你就把同一份检查颠来倒去地写,今天一二三,明天二三一,后天三二一。你不要以为他们会看你的检查,他们连是非黑白也分不清,怎么会弄清楚你的检查呢?总之一句话,在这个无理可讲的年代,要自己照顾好自己。'留得青山在,不怕没柴烧'。你看,不可一世的林彪死了,造反派的日子还会长久吗?你看看,美国的科技、教育代表团踏上中国的国土,大学也恢复了招生,这都是春天即将来临的象征!"

在我的唠唠叨叨声中,家桢的心情逐渐趋于平静了。

在那个疯狂的年代,家桢每天都如履薄冰,如临深渊。总是一波接着一波,一浪高过一浪。

1973年,就在大学恢复招生时,全国的造反派连出怪招,先是抛出"大学大学就是大家都来学"的奇谈怪论,接着是把高考

在家中其乐融融

交白卷的人树为英雄,要全国百姓学习白卷英雄,然后又是在大学里"考教授"。对这些做法,心直口快的家桢实在忍无可忍。在造反派强迫他当众点煤气灯、洗培养皿时,他用沉默表示反抗。对"大学就是大家都来学"和交白卷英雄上大学的言论和做法,他坚决予以驳斥。他在教研组学习会上,当着造反派的面直抒己见。他说:"阿猫阿狗都来上大学,大学就成了四不像,这书还怎么教?"

就是这几句话,激怒了奉行"知识越多越反动"信条的造反派。他们利用自己掌握的权力再度在生物学系、复旦大学和上海市掀起了批判谈家桢的高潮。此时的造反派真想置家桢于死地而后快。

就在黑云压城城欲摧的时候,家桢又被推到了苦难的边缘,情绪也坏到了极点。他回家告诉我:"今天我又挨批了。"

我觉得复旦大学和上海市的造反派这样没完没了地捉弄一个毛主席点名解放的知识分子,实在太过分了。我理解家桢、同情家桢,家桢说的没有错,他是在维护高等教育的尊严。我对家桢说:

"你不要再到学校去了,我一个人做就可以了。我有粥吃,你也有吃;我有饭吃,你也吃饭,反正不会饿死的。你就不要到学校去再受气吃批评了,安心在家就是了。"

他看到我毫不犹豫地站在他一边,坚定地支持他,压在他心头的愁云渐渐散了。此时的家,真的成了他的"避风港",他的"安乐窝"。他在这个家里可以躲避风浪,能得到温暖;他在这个家里可以疗伤,也可以强身健体。能为遭受不公正待遇的家桢做点有益于他身心健康的事,我感到非常欣慰!

5. 家桢的一片真情

无论是狂风暴雨的夏夜,还是大雪飘飞的冬日黎明,只要我抬头看到家桢那无限欢畅的笑容,我的心就会非常踏实。无论是芳草萋萋的春天,还是金桂飘香的秋日,家桢见到我那无忧无虑的眼神,内心就会感到无限快慰。

我俩"心有灵犀",生活愉快融洽,彼此相依为命。我们只要在一起,就能排除烦恼、战胜病魔、克服困难。对此,家桢曾写下了这样一段话:

"1976年9月,巨星殒落,毛泽东主席与世长辞。

全国哀悼毛主席的逝世。上海在文化广场设下灵堂。作为各界知名人

两人一起打台球,乐在其中

士之一,作为毛主席的生前好友,我被安排在灵堂上守灵。

哀乐阵阵,哭声阵阵,凉风阵阵。心头巨大的悲痛,引发了阵阵加剧的胃痛。大病初愈的我突然觉得头晕目眩,手足冰冷。勉强支撑到换班,返回家中就便血了,其色如柏油。急送医院检查,发现为广泛性、糜烂性、萎缩性胃炎。于是,再度手术,为彻底清除病灶,切除了胃的三分之二。

又是一次大手术,又是长达数月的护理恢复。亏了负责的医护人员,亏了夫人蕴芳,我又一次战胜了病魔,康复如初。这时,已是大地回春,桃花盛开的时候了。"

家桢用朴素的语言表达了对我的一片真情,我要谢谢家桢。

自1978年起,家桢以崭新的精神风貌再度发光、发热,发挥着新的潜能。

那年的3月18日,全国科学大会在北京开幕。在开幕式上,邓小平同志的报告澄清了两个是非颠倒的问题:

一是承认科学技术是生产力,二是承认从事科学技术工作的知识分子是工人阶级的一部分。这两点现在看来似乎很平常,在当年的知识界却犹如一声春雷,其震动和反响之强烈,真无法用语言来形容。

在这次大会上,还通过了《1978—1985年全国科学技术发展纲要(草案)》。在这份纲要中,家桢日思夜想、时刻呼吁的"遗传工程"也赫然在目。

科学的春天到了,家桢感到更有奔头了,"不用扬鞭自奋蹄"。

他积极催生中国遗传学会的诞生,他为开启中国生命科

结婚20年后拍婚纱照

学之门不辞辛劳,他走出国门重登国际学术舞台,他积极推动海峡两岸的学术交流,他走访农村,为推动农业发展倾注心血。这时的家桢,真是"苍龙日暮还行雨,老树春深更着花。"

在新时代里,我和家桢都倍感温暖,倍感幸福,真像一首歌谣中调侃的那样:

"80岁的年龄,70岁的模样,60岁的时尚,50岁的包装,40岁的追求,30岁的理想。"

在新时代里,我俩越活越年轻了!

童心不老,就会不知老之将至,就会活得有声有色、有滋有味,就会赶新潮不掉队,追时尚不落伍,其劲头和兴趣一点也不亚于中青年。

我俩在1993年就赶了一次新潮,在结婚20年后的6月5日的一个雨天,我俩搀扶着,一起赶到南京西路上的上海照相馆补拍了一张婚纱照。那年我72岁,家桢84岁。在婚纱照上,我俩的脸上留下了岁月的痕迹,可在我们的眼中却是"虽惭老圃秋容淡,且看黄花晚节香"了。我俩从婚纱照中感到无比温馨、温暖、温情。在这里,温风的轻拂是温馨,斜阳的余辉是温暖,夫妻情谊的珍重是温情。

其实,"夕阳朝阳一个太阳,早霞晚霞同样辉煌"。

五　乔迁之喜

我这个人,在50多年中,由于学习、工作一直比较紧张,从来没有照料过别人,包括生我养我的父亲和母亲,也没有被任何人悉心照料过。直到和家桢结婚后,我才仿佛突然间产生了无微不至地去关怀照顾另一个人的强烈愿望。

我们婚后一年多,家桢就生病住院了。从那时起,我就把他置于我的庇护下,无论是治疗、护理时或日常生活中。随着时间的推移,他对我的依赖就越来越强。一些生活上的事几乎都听我的了。我也从护理和照顾他的琐琐碎碎的小事中得到了爱的满足,越来越觉得被所爱的人需要是一种最大的幸福。有时候,我觉得家桢简直像个大男孩。

1. 他充满了活力

1976年10月16日,粉碎"四人帮"的电波传遍了大江南北,全中国人民都为粉碎"四人帮"而欣喜若狂。正在与病魔抗争的家桢听到"四人帮"垮台的消息后,心潮澎湃、百感交集,突然间精神抖擞,仿佛自己一下子年轻了许多。明明还未康复,他却

与老学生马庆生夫妇合影(1999年)

感到自己已经与正常人一样:全身都充满了活力。

家桢这个人,不论过去的斗争曾经给了他多少磨难,对于毛泽东,对于共产党,对于人民,对于祖国,他都是一片丹心,始终不渝。他始终觉得,个人的命运事小,事业遭受损失才真正令人痛心。"四人帮"倒了,多年来冰封的神州大地要开冻了,春天即将来临,放眼未来,前景无比灿烂。他忘了自己是个病人,却从来没有忘记在1974年王震将军到上海看望他时,他托王老将军带给毛泽东主席的一句话:"谢谢他老人家,我是要把遗传学搞上去啊!"他肩负着毛主席的重托,开始带病上阵,为恢复和重建遗传学研究以及教学事业而四处呼吁、积极奔走了。

"多少事,从来急"。他忙着整顿复旦大学的遗传学研究所;他要重新打开遗传学实验室的大门;他要重新鼓舞起振兴我国遗传学事业的信心和决心,投入到正常的教学、科研秩序中去。这时,他已年近古稀了,而且连续两次大手术后,还未完全康复呀!成天这样忙碌,我真担心他会累倒。照顾好他,成了我压倒一切的重要任务,无论如何不能再趴下了。除了给他补充必要的营养外,我对他的饮食习惯也作了必要的调整,由一日三餐改为少吃多餐。此外,还要让他每天都有个好心情,还要强令他休息。为了他的健康,我会在赤日炎炎的酷暑天,下班后从市区背上十多斤西瓜,乘坐拥挤不堪的公交车回到复旦大学第九宿舍我们的家。为了让他能喝上新鲜的西瓜汁,我会忘了一天工作的疲劳,在没有空调的炎夏,把西瓜中的瓜子一粒粒地取出,然后再用小勺子

家桢的遗传学研究团队(1986年)

与老学生朱孝颖夫妇合影(1998年)

轻轻地刮挤,把瓜汁给他,瓜汁去掉后的瓜肉留给我自己。吃香蕉时,我会剥掉香蕉皮,把香蕉切成一小段一小段,然后,插上牙签再递给他。吃苹果时,苹果皮也是我削的,我会把削好皮的苹果再切成小块,插上牙签,放在盘里,然后将盘子端到他的面前。家中做了红烧鲫鱼或煮了鲫鱼汤,我会细心地把鱼刺一根根地拔掉,再把鱼肉放在他的碗里。在休息天,我们也会泡上一壶清茶,坐在一起促膝长谈,谈人生、谈工作、谈未来。相互间的交流、彼此间的慰藉,也是一种积极的休息。

2. 在美国办成了两件大事

粉碎"四人帮"后,在我的悉心照料下,家桢的身体康复得比预期的好。到1977年9月,他不但如期参加了中央召开的"全国自然科学学科规划会议",而且像从未生过病、动过大手术的年轻人一样,始终意气风发、精神饱满。在这次会议上,他居然还作了长篇发言,竭力主张把遗传工程作为生物学科发展项目写入发展纲要。在会下,他还与老同学钱学森尽情交流,仔细剖析世界遗传学研究的发展动态,并把自己对我国开展这项工作的意见和设想也提出来,征求老同学的意见。

1978年3月,小平同志在全国科学大会上强调"科学技术是生产力",并且指出,为社会主义服务的脑力劳动者也是劳动人民中的一部分。知识和知识分子重新受到了重视,这使科学、教育、文艺等领域的知识分子受到了极大的鼓舞。就在这一年,国家专项拨款20万美元资助复旦大学遗传所开展遗传学研究。在这样来之不易的大好形势下,家桢决心为复旦大学遗传所扎扎实实办几件实事。他决定立即赴美,拜访他的老同学,引进一批遗传学研究急需用的仪器设备和药品。

他孤身一人到美国后,首先登门拜访的是他的老同学贝克曼。贝克曼那时是美国一家以生产高精度精密仪器享誉世界的公司董事长。长期音讯相隔的老同学在大洋彼岸见了面,他俩都显得异常兴奋。对家桢提出的所有要求,贝克曼二话不说便一口答应了。就这样20万美元的先进仪器设备很快被运抵复旦大学遗传所。这些仪器的引进,使复旦大学遗传所如虎添翼,为开展分子遗传学研究创造了良好的条件。

拜访老同学特里耳董事长,探讨合作(1978年)

家桢在拜访贝克曼后,立即拜访了另一位老同学特里耳。特里耳当时是美国加州生物化学公司的董事长,他本人一直与中国非常友好。长期思念的老同学不远万里亲自登门采购药品,他为老同学这种为事业不辞劳苦的精神所感动,因而决定无偿赠与复旦大学遗传所30万美元的试剂和药品。家桢在美国办完这两件大事后,马不停蹄,立即昼夜兼程飞回中国。他所采购的仪器、药品、试剂共分装10个大箱子,也同机抵达上海。他的美国同学很难相信这位在美国办完事后也不休息片刻就匆匆回国的中国同学,竟然曾经动过两次大手术。这位美国同学对家桢一心扑在工作上的精神十分敬佩。

我记得家桢是晚上抵达上海虹桥机场的。我和复旦遗传所的同志早已在机场出口处等候了。当他出现在国际旅客抵达的出口处时,我们看到他兴奋的脸庞上挂满了汗水,但喜悦之情终究无法掩盖旅途劳顿所留下的倦意。当他回到复旦大学第九宿舍我们自己的家时,真是连抬腿也有点困难了。我急急忙忙让他坐在藤躺椅上先休息一下,然后,烧好热水让他痛痛快快洗个热水澡。他洗好澡后,我已把香喷喷的鸡汤面放在饭桌上了。待他吃完点心,我又给他泡了一壶他平日喜欢的龙井茶。因为他到家后还处于兴奋状态,毫无睡意,所以我就坐在他的旁边,劝他快点稳定情绪,早点休息,有什么话等明天再谈。

在美国加州理工学院生物学系成立50周年庆典上会见邦纳院士

3. 同赴大洋彼岸

美国回来后不久,紧接着的就是准备再度赴美参加加州理工学院生物学系成立50周年纪念会。这是他在美国留学时同住一幢楼的好朋友邦纳先生写信来邀请的。邦纳当时是加州理工学院的退休教授、美国科学院院士和著名的分子遗传学家,同时他还担任美国植物基因公司董事长。他在信中表示,家桢这次访美的全部费用都由他来承担。

家桢接到老朋友邦纳的邀请信后非常高兴。他意识到,这次访美也是他作为中国遗传科学工作者重返国际学术舞台的一次好机会。于是他忘记了自己年近古稀,已动过两次大手术,欣然答应邦纳的盛情邀请,

拜访诺贝尔奖获得者沃森和麦克林托克(1979年)

与美国加州理工学院院长戈德伯格交谈(1978年)

决定如期赴美。当家桢告诉我他要孤身一人再次赴美参加加州理工学院生物学系的纪念会时,我表示坚决不同意,原因是一人前往,身体无法承受旅途的辛劳。上次从美国回来,经过一段时间的调整好不容易才消除了疲劳。他觉得我的意见是对的,因为他也感到自己已有点心有余而力不足了。后来,经过与美国老同学的商量,决定由我陪伴他同赴美国。

在邦纳等老同学的努力下,我们于1978年踏上了加里福尼亚洒满阳光的土地。家桢再次登上了加州理工学院的学术讲台,以海外校友的身份作了"遗传学在中国"的报告,简要地介绍了遗传学在中国戏剧性的几度起落,也介绍了毛泽东主席对遗传学的特别关爱和支持。他的报告引起与会科学家的极大兴趣。

会议结束后,在邦纳和美国学术界朋友的热情帮助和支持下,我们又到美国东西部作了一番考察和访问。加州大学戴维斯分校、纽约洛克菲勒大学、纽约州立大学石溪分校、马里兰大学、芝加哥大学、斯坦福大学、得克萨斯州

会见4位诺贝尔奖得主(德伯克、本泽尔、德尔布吕克、梯明,1978年)

医学中心和哈佛大学等处，都留下了我们的足迹。我俩不辞辛劳地参观了那些机构中与遗传学研究相关的实验场所，与科技界的新老朋友进行了广泛的交流。

行程万里，他感触良多。中

拜访洛克菲勒大学诺贝尔奖得主莱德伯格院士（1980年）

国遗传学研究如何赶上世界潮流、遗传学研究应从哪些方面着手等一个又一个令人振奋的课题，已在他的脑海中形成了清晰的轮廓。

我们这次到美国，先后访问了许多世界一流的科学家，有被誉为"分子生物学之父"的德尔布吕克，有在20世纪60年代发现三联体密码的尼伦伯格，有提出顺反子学说的本泽尔。我们还在冷泉港见到了DNA双螺旋模型创始人之一、诺贝尔奖获得者沃森，见到了遗传转座因子发现者、诺贝尔奖获得者麦克林托克。在纽约，我们还会见了洛克菲勒大学校长、细菌性别发现者、诺贝尔奖得主莱德伯格，会见了芝加哥大学校长、"一个基因一个酶"的创始人、诺贝尔奖获得者皮德尔教授。

家桢告诉我，在与这些世界一流科学家的接触中，他不仅了解到他们在自己原来的研究领域中已取得重大突破，还在进行新的领域的研究，了解到现在的国际生命科学领域，其势如长江后浪推前浪，许多功勋卓著的科学家，并未满足于既有成绩，而是高屋建瓴，站在科学研究的最前沿，向新的课题发起挑战，向新的目标发起冲击。他还了解到，当时的生命科学研究，已转向神经生物学方面，人类正在开展包括大脑在内的研究。这令人鼓舞的一切，对他而言，无疑是一种巨大的鞭策。

五 乔迁之喜

在美国拜访老同学贝克曼教授(1995年)

4. 流入我心田的暖流

我们从美国回国后,他告诉我,你别以为美国的物质相当丰富,牛奶当水喝,每次用餐时,炸牛排、三文鱼等等应有尽有,但是我还是最喜欢吃你做的鸡汤面、鲫鱼汤。回家多好啊! 真是金窝、银窝,比不上我们这个家的草窝!

一谈起家,他越说越激动。他抓住我的手说:"时间过得真快,转瞬间,你和我在一起四年多了。这四年多来,要不是你,我们怎能到美国去参观访问呢,要不是你的悉心照料,我怎能在美国穿梭东西,办成这么多事呢。你对我的付出已很多很多,辛苦你了。"

真心感动人,诚意暖人心。他的每句话,都是流入我心田的一股充满温情的暖流,我感到太幸福,太温暖了。于是,我动情地对他说:"我既然已对你作出了承诺,我会一诺千金,矢志不渝的。你已不年轻,我决不会离开你的。如果我俩之间需要有一个人为爱在事业上作出牺牲,那毫无疑问是我。尽管我对自己的能力很有自信,但无论如何无法与你并驾齐驱,所以我会心甘情愿地把你的事业放在第一位。我知道,你需要我,我会珍惜你给我的这份爱,在我的一生中有此足矣!"

家桢听了我的表述,深情地对我说:"你的心太纯了,我怕我太自私!"

陕西南路老宅的大门

家桢无时无刻不用自己的方式关心着我,体贴着我。他见我背着西瓜汗流浃背的样子,不仅会拿起蒲扇为我扇风,还会亲自去用冷水搓把毛巾递给我擦擦汗。我下班晚回家,他总会关照老保姆为我留足饭、菜和汤。冬天,饭菜凉了,他会吩咐保姆去帮我热一热,有时也会亲自去把饭菜热一下。同桌吃饭时,他会亲自夹菜给我。我提前退休的报告未批下来之前,每天都要从复旦大学出发到位于高邮路的上海电力职工医院上班。除了上班,我的妹妹也需要我照顾。我每天很忙、很劳累。

5. 新家胜旧居

与生命科学院年轻学者合影(2002年)

陕西南路老宅的一角

这一切,家桢早已看在眼里,记在心里了,他在琢磨着如何减轻我的负担。经过认真思考,最终他决定要搬家,想从复旦大学搬到市区住。这样可以让我省下许多上下班挤公交的时间,也便于照料我的妹妹。当他和我商量"搬家"这个主意时,我觉得他有这份心我已非常满足了,成与不成都无足轻重。

我从心底赞成搬家这个举措。因为我觉得复旦大学离市区太远,交通、生活都很不方便,我真希望能在交通、生活、看病都方便的市区安个家。可是,仔细一思量,觉得搬家对家桢来说谈何容易,正如他常挂在嘴边的那句话:"我既无动产,也无不动产,我唯一的财富就是学生。"

他虽然不差钱,可也没有财富。他从来没有给自己置过一分地,买过一幢房,银行里也没有存款。有时候,他得到的钱数目确实不小,可转眼间他又慷慨解囊,给了那些比他更需要钱的人了。他在复旦大学住的房子也不是自己的,是复旦大学的财产。怎样才能到上海市区安家呢?我对他的主意十分赞同,但对搬家能否成功心存疑虑。不过,他在征得我的同意后,确实去和复旦大学有关部门商量了。学校的回答是:复旦大学在市区没有房源,但他们答应立即向市有关部门反映此事,请求有关部门帮助解决。最终联系的结果是:由上海市

夫妇俩站在房子的大门口(1987年)

政协出面协调这件事。经过上海市政协的努力,在上海市陕西南路63弄找到了合适的房源,那里面对高教局,出门不远就是淮海路,离我上班的地方和华东医院都不远,其中的8号院更为合适。我们对上海市政协提供的房源很满

在书房里(1992年)

意。这套房子并非无条件租借给我们,而是要复旦大学拿出相应的房源作交换。复旦大学哪里能拿出房源呢!当时,在我们第九宿舍旁边的第八宿舍,一批年轻教师一家三口还挤在10多平方米的一间房内,睡觉时只好在两床之间拉根铁丝,挂块塑料布来保持各自的空间。家桢对这种情况是略知一二的,因此他不愿意给复旦大学出难题。当时的他真的犯难了。当他把自己的难处告诉我后,我立即表示,可以拿我父母留给我和姐妹的房子作交换。对此,刚开始时,他一百个不同意。我对他说,我没有研究过心理学,不知道每个爱着一个男人的女人,是否都愿意无条件地献出自己的一切来悉心照料、庇护她所爱的人,至少我是这样的。何况搬家是我们两个人的事,更多的还是你在为我考虑呢!你就不要固执己见了,等搬好家后,让我的妹妹与我们一起生活就可以了。在我的坚持下,他终于同意了。于是,我们在1980年上半年就搬离复旦大学,到陕西南路63弄8号院安家了。在搬家的过程中,我们得到过邓国宝同志及复旦大学其他18位同志的真诚帮助,在此一并致谢。

与老学生傅继梁夫妇合影(2005年)

为了使这个新家能成为家桢生活、工作、会客都感到亲切和温馨的场所,我把父母留给我的家具几乎全搬来了。经过我的简单打理,家桢感到新家胜过了旧居。

六　春泥护花

在陕西南路老宅书房里

陕西南路63弄8号是一个独立的院子，院中有一幢老式的二层楼房。我们的新居在二楼，底层是另外一家，院子是两家共用的。

我们的新居整洁而实用，书房内除必要的书桌、书柜、沙发、茶几等日常工作、学习、生活的必需品外，就没有其他多余的东西了。到过我们新居的人，或许都会感到这里洋溢着书卷气。书柜里摆放着家桢和他的导师摩尔根的照片以及他参加重大国际学术会议的照片，墙上挂着我俩的结婚照。我俩在这里相互凝视着开始了每一天。

在这里，我们接待过许多国内外友人；在这里，家桢辅导过许多学生；在这里，家桢与他的同事们多次讨论过中国遗传学的发展前景；在这里，我们接到了家桢被选为中国科学院学部委员（院士）和美国科学院外籍院士、意大利科学院院士及第三世界科学院院士的喜讯；在这里，我们度过了美满幸福的日日夜夜。

在家中接待来访的美国客人　　　　　　　　　　　学生到我们家作客

孔宪铎教授夫妇、吴仲蓉及汪黔生教授夫妇等登门拜访家桢

上海市卢湾区侨联的工作人员来看望我们

六　春泥护花

1. 他显得生气勃勃

与刘祖洞、季道藩教授赴贵州考察(1981年)

1987年,重访广西宜山白崖乡旧居

1993年,在安徽合肥农村

家桢被选为中国科学院学部委员的喜讯是1980年传到这里的,这是对他几十年来辛勤工作的肯定。这个喜讯犹如雨后彩虹,经过暴风雨洗礼的家桢此时显得生机勃勃。照例,在年逾古稀获得中国科技界的最高荣誉后,他就该安享晚年了。可他偏偏在荣誉面前不肯停步,只是把这个耀眼的光环作为新生活的起点,他要在科技战线上继续搏击风云、纵横驰骋。他不顾前面的路多么艰难,哪怕满地荆棘,甚至有万丈深渊,他都义无反顾、勇往直前。他要为他所热爱的祖国和人民争得更多的荣誉,他要为他所钟爱的遗传学事业在中国的发展、壮大鞠躬尽瘁、死而后已。无论是年逾古稀,还是耄耋之年,他从不相信因孔子七十三岁寿终、孟子八十四岁正寝而留在民间的"七十三、八十四,阎王不请自己去"的传言,只知道日日夜夜、孜孜不倦地辛勤工作。

从1980年至1998年这18年中,为了毕生追求的事业,家桢从新居出发,到过北京、台湾、香港、广西、广东、云南、贵州、福建、浙江、江苏、河南、河北、安徽、山东、辽宁、黑龙江等10多个省市和地区。到过的大都市就更多了。他不仅在国内播撒科学的种子,还经常走出国门,登上国际学术讲台,与各国科学家一起交流。他的足迹遍布美国、英国、德国、法国、加拿大、日本、荷兰、比利时、西班牙、瑞典、奥地利、澳大利亚、委内瑞拉、印度和巴基斯坦等10多

参观文旦园(1991年)

参观华西村(1998年)

个国家,到过的国外城市约有40余个。

2. 如影随形,形影不离

1979年,我被批准退休了,从此可以全身心地陪伴和照顾家桢了。从1980年起,我和他就如影随形,形影不离了。他到哪里,我就到哪里。他来到祖国的宝岛台湾,我就在他的身后或身旁。他出国我也出国,总之,我是他的忠实随从。他参观我也参观,他走上讲台作报告,我就成了他的忠实听众。我陪同他走南闯北,从东到西,唯一的任务就是照顾他的服药及饮食起居,唯一的目的就是保证他的健康。

我清楚,家桢是我的终身伴侣。我时刻牢记着自己的诺言:"不论贵贱贫富、不论健康疾病,我将永远安慰你、照顾你,永远在你的身边,忠贞不渝。"

我知道,家桢是我的,

与老学生曾溢滔全家和著名的生化学家谢克特合影(1996年)

在美国访问(1994年)

也是大家的,更是国家的。他是中国遗传学的掌门人,中国遗传学的发展离不开他。因此,他的健康不光是我个人的事,也是大家的事、国家的大事。保证他的健康,是个既艰巨又光荣的任务。尽管在陪同他走南闯北、漂洋过海的时候,我也已是花甲、古稀之年了,但为了他的健康我会忘记自己的一切,仔细入微地照顾他,无怨无悔地照顾他,只要他喜笑颜开我就高兴,只要他身体健康我就高兴。我从来也没有觉得这是一种负担、是一种麻烦,恰恰相反,从照顾他的生活起居、保证他的健康中,我感受到了一种很有意义的享受,这就是我多年来梦寐以求的幸福。如果要问我:幸福在哪里?此时此刻,我的回答是,幸福在他的事业中,幸福在他的健康里。

3. 餐桌上全由我做主

然而,保证家桢的健康并不简单,其中学问也很多。例如日本现在已属长寿国家了,难道日本人群中的基因型和基因频率已经变了吗?看来日本人的长寿与基因关系不大,许多报道都把日本成为长寿国的主要原因归结为良好的生活习惯,其中最重要的是饮食

在英国伯明翰参加国际学术会议(1993年)

习惯。日本人的饮食清淡,以素为主,他们不偏食、食不过饱,每顿膳食菜肴品种多、数量少:鱼、肉、蔬菜、豆类、水果和米、面、海带、海苔全用小碗小碟装,量少而花样多。这种膳食的好处是能保证每顿饭都得到均衡的营养成分。除了膳食结构外,日本人也很注意细嚼慢咽,一顿饭总要吃上二十来分钟甚至更长时间,这样容易产生饱腹感,有益于降低餐后血糖,还能缓解紧张焦虑的情绪。

在加拿大访问(1984年)

世界卫生组织(WHO)也曾经在20世纪90年代发表过这样的见解:每个人的健康与寿命,60%决定于自己,15%取决于基因,医疗条件对健康、寿命的影响只有8%,此外,7%取决于气候因素,10%取决于社会因素。这个数据是否正确,我们可以不去深究,而遗传学研究得出的结果更有科学价值。同卵双生子易病性研究的结果表明,在相同条件下成长的同卵双生子,20岁以后,易病性出现差异的占1/3;50岁以后,易病性差异的比例就更大了。这表明,基因型和生活环境相同,生病的概率并不完全相同。什么原因呢?看来,是发挥作用的基因团队不一样吧。如何调动那些有利健康长寿的基因协同工作,是保健康的关键。这方面确实还有待于遗传学工作者、医务工作者以及其他部门的进一步研究。现在,我们还只能从生活习惯上着手来制订健康措施。

家桢既是享有国际声誉的著名科学家,又是一个大方洒脱、豪放不羁、不拘小节的平凡人。他在任何时候、任何场合,都从不故作姿态、刻意附庸风

在新家坡出席中国恐龙展(1985年)

六 春泥护花

雅。他对任何人都不摆大科学家、大教授的架子。我相信,到我家看望过他的人都清楚,不管你是行政领导、科学家、学生,还是工人、农民,他都热情接待、诚恳相待。在分手时他都会坚持送到楼梯口,即使他已经依托扶椅行走时也是如此。他这种自然大方的性格在待人接物上,无疑是值得称道的。可是,在用餐时也这样不拘一格、随随便便,那就得改弦易辙了。

他曾告诉过我,他参加人大会议期间,有一次用膳时,餐桌上是两荤两素一汤。其中有一盆是对虾,共11只。同桌吃饭的十人中数他年龄最大,可其他九人自己一份还未吃光时,他已把自己的一只对虾吃下肚去。此时,餐桌中还剩下一只对虾,大家还以为他年岁大,吃得慢,剩下的一只无疑是他的。他也没有客气,就把盆中仅剩的一只对虾吃得精光。就这样,人家都是一人一只,唯独他吃了两只对虾。

家桢在大病康复后,胃口确实很好。他非常喜欢吃香喝辣,像小孩一样,只要合胃口的他就会来者不拒、狼吞虎咽,也不顾什么场合。要是整鸡上桌,不管是在国内还是在国外,人家知道他喜欢吃,就将整个鸡腿给他,这时他就会当仁不让,大口大口地吃起来。显然这种习惯是不利于健康的,因为吃得油腻、吃得多、吃得过快,都会损害胃肠,而胃肠与健康关系特别密切。吃得太多,食物太油腻,胃无法将食物充分消化、排空,多余的食物就只能滞留胃中。消化不良,必然会伤胃伤肝,并加重肠道负担,长此以往,必定会导致一

在美国访问(1994年)

与家桢妹妹全家合影（1998年）

系列不良后果。尤其是家桢，他的胃和肠是生过病开过刀的，更要注意保养。因此，我们在外用餐时，吃什么、吃多少都是由我夹在他碗里的，我不允许他自己到菜盘中随便夹菜。对此他的一些学生有点不太理解，常有人向我提议："谈先生年纪大了，他爱吃什么、爱吃多少，一切都由他自己做主吧，不要限制他了。"

我深信，这些学生都是一片好心，但他们的提议从来没有被我接受过，一次次地都被我"呛"了回去。我会对他们说："吃出病来怎么办？你们知道吗，不该死的时候却死亡了，究其原因，基因占的比例不多呀，而生活习惯，尤其是饮食习惯占的比例高达60%。不要以为吃鱼吃肉就是营养好，吃得多吃得快就能身体好。所谓营养，就是人体必需或正需要的能量和元素，否则就是体内的'垃圾'或'毒素'。人对营养的需求，除一般的营养标准外，还要根据年龄、工作特点、身体状况等酌情摄入。有人需长肉，有人需减肥，有人缺钙，有人缺硒，有人缺铁，有人缺碘……东西南北的男女老少，不可能同时需要同样数量、同样种类的营养元素。只有科学的饮食，才能保证人体的健康。谈先生年纪大了是不假，可他还肩负着发展遗传学的重要使命呀！管住他的嘴，保护他的胃，不光是为了我，为了我的家庭，更重要的是为了大家、为了国家。请你们理解我，我绝对不会接受你们的提议。"

在家中接待美国医学遗传学代表团(1988年)

事后想想,我在这些文化素养比较高的知识分子面前讲这么一套,真有点让人家下不了台。但是,我相信,家桢的朋友和学生们是会理解我的良苦用心,是会谅解我的率直的。

在外用餐的次数毕竟比较少,绝大多数还是在家吃饭的。在家中,吃什么、吃多少和如何吃等等,所有这一切全由我做主。多年来,我们的食谱都是粗粮配细粮,素菜搭荤菜,荤少素多,蔬菜要新鲜,食物要清淡,每天要少吃多餐、细嚼慢咽。

4. 我悟出了养生保健的大道理

为了家桢的健康,我几乎每天都在琢磨他的健康档案。调整食物结构、节制食欲有益于健康,调节情绪、节制喜怒哀乐也是为了健康,因为人的情绪、精神与健康息息相关。恶劣的情绪、忧郁的精神对健康的损害,胜过了病菌和病毒的危害。情绪波动、精神喜怒哀乐无常,会引起脏腑气血功能紊乱,常常会引发食欲不振、嗳气反酸、胃脘闷胀或腹泻便秘,严重时还会导致胃溃疡。因此,为了健康,对精神状态和情绪切不可等闲视之,必须经常调整到最佳状态。好在家桢在他的人生追求中,经过不停攀登,获得了国家级的科技领域的最高荣誉,他在科学高峰领略到高处不胜寒的独特风光,他在"一览众山小"之后就开始追求返璞归真、平淡祥和的人生了。经过沧桑、荣辱、起落和沉浮之后,他已进入"宠辱不惊,看庭前花开花落;去留无意,望天上云卷云舒"的境界,他总是笑口常开,愉快地面对人生。

保暖防寒对健康也很重要。高温酷暑,会减弱胃肠功能。冷饮过多,空调温度过低都会导致胃痛。冬天忽视保暖,受了寒、挨了冻会诱发胃溃疡。为了他的健康,我非常关注季节更替,每天都十分注意气候变化。我要根据实际情况决定他的穿戴。由于我在他的防寒保暖上做得十分到位,因此几十年来他在外出参观访问和参加学术会议期间,都没有发生过伤风感冒、头疼脑热。

俗话说,不会休息就不会工作,千万不能忽视休息对健康的作用。我们在陕西南路63弄8号院时,每天都会有人来访,到了嘉定南翔众仁花苑后,虽然离上海远了,可来访的人依然很多。

天伦之乐

我们知道,来访的人都是出于对家桢的敬重、关心,因此,我们尤其是家桢对来访者都非常欢迎。对登门拜访者,他仿佛都是"久逢知己千句少,滔滔不绝不嫌多",每次都是谈兴很浓,话匣子一打开就无法停歇。但是,他的身体状况实在不允许久谈,因此我常常会出来叫声"暂停"。说实在的,从我内心来说也真不愿打断谈兴正浓的双方,但为了家桢的健康,不得不这样做。我相信,家桢的友人会理解我的这一举动的。

随着年龄的增长,对症用药也成了确保家桢健康的重要措施。用于他健康的药,有保心的,有健胃助消化的,也有控制血压、血糖和血脂的,还有维生素类等等。随着年龄的增加,药物的种类增多了,吃药的次数也在增加。有的药一天一次,有的药一日数次;有的药饭前服,有的药饭后服。粗看起来对症用药似乎并不困难,但要真正做到对症用药并不简单,不仅要细心,还要有耐心和恒心。用药不比用餐,吃错一种药,剂量不对,服药时间不对等等都会造成严重的后果。我在照顾家桢服药时,总会仔细问清楚药的功能、药的剂量、

六 春泥护花

泼墨挥毫,潇洒自如

服药时间等。为了服药方便,我会把同时服用的药装在同一只小药盒内,饭前服、饭后服会做好记号,那个先那个后都会依次序排好,即使我不在,家桢自己服用也很方便。

我是个妇产科医生,几十年来伴随家桢走南闯北,四处奔波,去欧洲,到美洲和大洋洲,为了他的健康,开始注意饮食营养、保健养生,后来居然在养生保健方面悟出了一些道理。实际上,健康就像木桶里装的水,木桶的盛水量是每块木板决定的,健康与否同样是由诸多方面因素决定的。一只木桶只要一块木板出了点问题,就会影响整个木桶的盛水量。健康也是如此,某个脏器出了问题就会影响人的健康。我知道,我所悟出的健康原则只不过是一些老生常谈的常识,估计是人尽皆知的了,但是实行起来需要有高度的责任感,要有恒心及意志。尤其对家桢这样一心扑在自己钟爱的事业上的人来说,更有点难,更何况家桢是个"嘴馋"的人,要他节食忍腹,又谈何容易。我对他的一套办法是动之以情,晓之以理,加上充满爱心的鼓励,必要时还连哄带吓,不惜上演"妾心如铁"的戏码。我如此苦心孤诣地调整他的食谱和饮食习惯,无非是希望他活得健康、活得更长。因为人民需要他,事业需要他,我也需要他。我俩的姻缘来得比一般人迟,我们在一起的日子真是一天当三天用。

七　相伴宝岛行

1989年5月12日，台湾"中央研究院"评议员、台湾清华大学教授沈君山代表台湾科学会发函邀请家桢等大陆科学家赴台作学术访问。同时给家桢发函邀请他赴台参观并作学术报告的，有台湾"中央研究院"生物学研究所所长吴瑞和阳明医学院遗传学研究所所长武光东。

沈君山在同年11月5日又发电传给家桢，特地说明邀请家桢赴台访问的原因。电传的内容是：

"访台奖助金及台北科学会之邀请先生访台，乃因先生在遗传学之杰出成就，

首批大陆访台科学家和台湾科学家吴大猷（左五）、沈君山（二排右一）合影（1992年）

尤其尊敬先生于(20世纪)50~60年代对抗李森科学派,力持科学趋势不向权势低头之精神,与先生之官阶无关。在我们看来,先生乃是一杰出科学家之身份访台,'部长级'或'副部长级'是不值一提的。"

台湾学者邀请家桢访台的原因非常清楚,可是,台湾当局偏偏在家桢的"官阶"上做起了文章,就在我们已飞抵香港后,还是以家桢是大陆官员为由而不准赴台。

蒋孝慈校长向我们赠送礼物(1992年)

海峡两岸的同胞,毕竟是同宗同根,两岸同胞希望和睦相处、相互交流的愿望已成势不可挡的潮流。1992年1月,台湾"中央研究院"院长吴大猷亲自发函邀请家桢等大陆学者访台。邀请信是这样写的:

家桢教授台鉴:

　　为促进两岸学术交流及未来学术合作,敬邀先生来台湾作为期十天的学术访问及演讲。先生来台之旅费、膳宿费将由"访台奖助金"赞助,并由本院会同沈君山教授安排参观访问。先生访台时间拟定于一九九二年三月至六月间,敬候赐复。专此奉邀。

　　并颂

春祺

吴大猷(盖章)敬启

一九九二年一月二十一日

1. 接待人员惊呆了

台湾方面考虑到家桢当时已83岁高龄,从他的健康安全出发,特邀我与他一同出访。

1992年6月8日,我们从香港乘坐国泰406班机起飞直达台北桃园机场,于同日下午抵达目的地,沈君山等许多台湾友人早已在机场迎候。家桢以代表团团长的名义在机场发表了书面讲话,主要是说明访台的目的是"进行学术交流",并强调这次访台是"抱着加强海峡两岸科学家的联系,增进相互了解的真诚愿望,也抱着促进海峡两岸科技交流与合作的强烈希望"。

海峡两岸虽然都是炎黄子孙,可长期来缺乏交流,相互间缺乏了解。台湾接待人员单凭自己的想象,大陆科学家代表团团长是一位83岁高龄老人,一定是皱纹布满脸、背曲弯向前、拐杖不离手、一步三打颤的老态龙钟的衰迈老者了,因此特地为他准备了一辆轮椅车。当代表团一行出现在机场口时,这些接待人员推着轮椅车全神贯注地寻觅着他们想象中的衰迈老人。可他们见到的代表团成员个个都是身板硬朗、心态健康、思维敏捷、谈笑风生、行动正常的健康人。当他们在问哪位是谈家桢先生时,家桢已笑容可掬地站在面前了。他们

与蒋孝慈校长交谈(1992年)

看到83岁老人的步履居然不亚于年轻人,非常惊讶。他们哪里知道,现在大陆的科技界中,六十老人比较小,七十老人满街跑,八十老人不算老,九十老人随便找,百岁老人精神还很好。

接待人员惊讶的目光,实际上是对我的肯定。要是没有我的悉心照顾,83岁的家桢可能果真要用轮椅车推着走了。

2. 一个个激动人心的场面

到台湾的当天,邀请方就在圆山大饭店设宴欢迎我们。第二天起,我们就开始参观访问了,先后来到了台北的台湾大学医学院、医院,台湾"中央研究院"、东吴大学和台湾"中央研究院"的分子生物学研究所以及新竹、台中、高雄、花莲、故宫博物馆等处。家桢在"中央研究院"分子生物学研究所的一楼演讲厅作了两小时的学术报告,中途只休息了10分钟。此时,演讲厅内座无虚席,在连接二楼的楼梯上也坐满了人,我就坐在紧挨主席台的听众席上。演讲时,家桢精神抖擞、口齿清晰、声如洪钟,他从遗传学在大陆的沉浮和国家领导

与蒋纬国先生相见(1992年)

人对遗传学的关怀支持，一直讲到遗传学的发展方向及两岸学者应该联手研究，为发展中国遗传学大业作出贡献。他的报告得到了听众的好评。演讲结束时，演讲厅里响起了长时间的雷鸣般的掌声。

6月11日，台湾东吴大学为了欢迎家桢这位老校友的来访，特地集会。在这次东吴大学校友的集会上，我们见到了蒋介石先生的二儿子蒋纬国。蒋纬国先生是1928年秋季进入苏州东吴大学附属中学就读的。在那里，家桢作为初三年级生物课的代课老师教过蒋纬国先生。阔别60年之后，在台湾东吴大学校友会上，蒋纬国先生激动地迎上前来，亲切地大声叫着谈先生、谈师母。此时，摄影记者蜂拥而上，不失时机地摄下了60年后师生再度聚首的动人一幕。

家桢和蒋纬国先生都是浙江宁波人。他们俩用宁波话倾诉着长期相隔所造成的无限思念，他们是那样的投入、那样的深情。

在他们交谈时我插了一句话："蒋先生离开大陆那么多年，可家乡话讲得比老师还好。不像谈先生，他已经有点南腔北调了。"

蒋纬国先生接着我的话茬说："我还能讲苏州话，说弹词开篇呢。"

他的话语充满了对家乡的眷恋之情。

1988年为台湾《牛顿》杂志题词

在这次校友会上，蒋纬国先生把事先准备好的礼品送给我们。礼品中，有他自己设计的印着他的英文名字的丝巾和领带，还有一只桌面型电子钟，钟面上刻着一段文字："我的基本立场——出发点：一、海峡两岸都自认为是中国人；二、所以我们只需要一个中国，我们的愿望——国家战略目标：一、每一个中国人都有过好日子的机会；二、我国要受到全世界的尊敬。"

6月16日，参观访问结束了。当日中午，大陆科学家访台代表团举行答谢宴会，我们再次与蒋纬国先生晤面。蒋纬国先生在宴会致辞时特别提到，即将与老师夫妇道别，心情激动。真是相见时难别也难呀，最后他索性以歌声来抒发自己离别时的心声，他引吭高歌："……掌声响起来，我心中明白，歌声交汇着你我的爱……"

俗话说，男儿有泪不轻弹。可蒋纬国先生在与我们道别时还是难以控制自己，激动的泪水夺眶而出，令全场为之动容。

蒋先生放下话筒，立即走到我和家桢座位前与我们合影。我想让他们师生坐在一起照张像，就站在他们背后，可蒋纬国先生无论如何也不让我站起来，他连声对我说："谈师母，您是长辈，哪有长辈站着，小辈坐着照相的事？"他硬是站在我和家桢之间照了张像。

3. 两岸同胞的骨肉亲情

我们在台湾期间，所到之处，都受到台湾同胞的热烈欢迎。到处都洋溢着两岸同胞的骨肉亲情。其中一位原籍湖北省仙桃市的胡岂凡先生还给代表团发来一函，函称：

"公等冲破一切难关，来台访问，为大陆科技学人访台先声，凡我国人，谁不庆幸万分，也钦佩万分……"

他用"水调歌头"词牌填的一首词，更显出他对代表团访台的一片真情。这首词的内容是：

"塞花吟白雪，馨香依霜浓。玉姿天从，百千年红紫尽平庸。三春桃李争宠，九秋桂菊剖动，谁与傲冰封。老干曲中挺，新枝遍藏锋。

大陆东吴大学校友会来看望我们(2003年)

清雅气,刚毅质,娇丽容。当绝冷艳,大地萧疏卧云松。翠黛如烟缥缈,霄壤流光凝冻,阳和隐神龙。爱梅何庸问,海天复寄芳踪。"

另一位名叫俞佛龙的台胞寄来的信同样充满了对代表团访台的喜悦之情及企盼两岸早日停止纷争、携手共创和谐的心情。他在信中写道:"阁下等应邀来台参观访问,促进海峡两岸学术双向交流,其功至伟。此一互动……对未来两岸和平统一大业意义深远。"

随信还附有一本小册子,其中有这样的内容:"台湾同胞百分之九十八以上来自中国大陆,时间虽有先后,民族的认同则一,骨肉相随,密不可分,合则同得其利,分则同受其害。"

另有一段是这样写的:"在国家陷于分裂的时刻,身为炎黄子孙的我们,为了使台湾更好,为了国家和平统一的历史任务,我们不能置身事外。"

这些发自台湾同胞心底的肺腑之言,使大陆访台的学者深为感动。

就在6月16日告别会上,原在北京访问的吴大猷教授特意提前结束北京之行赶到台北,为大陆访台学者饯行。

在告别会上,沈君山教授也满怀深情地借用南宋理学大师朱熹的诗赠送给大陆同行:"昨夜江边春水生,朦胧巨舰毛轻,若非当年推移力,那得今朝自在行。"

家桢在告别宴上也作了即席发言。他说:"我认为,来台湾访问的这几天,是自己一生中最感兴奋与激动的日子。经过40年相隔,来时是相见欢,去时是依依不舍。虽然只是走马看花,但终于实现了平生之最大夙愿。我愿做两岸科学界交流的铺路石,希望与台湾科学家一起,为中华民族的未来做出贡献。"

　　时间过得真快,今天离我们登上宝岛已20多个年头了,家桢也已驾鹤西去。台湾地区领导人已对两岸关系明确提出了"同舟共济,相互扶持,深化合作,开创未来"。中央人民政府也对海峡两岸关系提出了十六字方针,即"面向未来,捐弃前嫌,密切合作,携手并进"。家桢的在天之灵得知海峡两岸关系日益发展,也会含笑九泉的。

八 时间是良药

20世纪70年代到80年代,以家桢为核心的一大批遗传学工作者经过认真踏实的工作,已使我国的遗传学研究和教育进入了正常的发展轨道。尤其值得称道的是,一批青年才俊已陆续登上了遗传学研究和教育的重要岗位。

1. 家桢的生命元素

20世纪90年代,家桢已步入耄耋之年,照例应该在家颐养天年、安度幸福

新年撞钟

在城隍庙湖心亭品茶

晚年了,可他没有停下前进的步伐,而是在政治稳定、社会进步、经济发展、思想自由、学术民主的盛世年代,继续为把那些扶上马的年轻人送上一程努力地工作着。他的20世纪90年代的日程表,依然排得很满,继续以火一样的热情,活跃在科研、教育和社会活动中。在国内外的学术舞台上,人们经常可以看到他熟悉的身影,听到他洪亮的声音。在公众的眼里,80岁后的谈家桢依然才思敏捷、活力四射。

一位名叫帕斯卡的哲学家曾经说过:"人是脆弱的。"

在杭州上天竺天王寺

而在80岁后的家桢身上,公众并没有发现脆弱的迹象。对这位哲学家的断言来说,家桢似乎是个例外。因为在公众眼里,他任何时候都是坚强的,他的生命是那么坚韧。

确实,公众看到的家桢有着与众不同的生命元素,那就是他记住了为事业奋斗终身的远大理想,记住了为国为民谋发展、谋利益的重大责任。事业让他获得了力量,责任让他的生命坚强。

现实生活中的家桢或者说在家庭中的家

桢只是一个普通人,他也是由各种人体器官组合而成的血肉之躯,他的所有器官在不断的运作过程中同样会留下岁月的伤痕,他的生命与普通人一样也是脆弱的。

或许有人会说,家桢的运气真好,冥冥之中的上帝总是把恩泽赏赐给他。要不然,动过两次大手术的他,怎么会在短期内康复?古稀之年怎么还能登上国际学术舞台?是的,家桢在两次大手术后不久就康复了,而且几乎没有留下什么后遗症,这确实是个奇迹。而奇迹的出现绝不是上帝的恩赐,而是他在康复期间恰好遇上了我国拨乱反正后走向改革开放的好时代,这是其一。奇迹出现的第二个原因是我的努力。我针对他所制定的康复计划,使他脆弱的生命能战胜病情的折磨,甚至驱散死亡的阴影,对奇迹的出现起到了立竿见影的功效。

1993年的一天,家桢刚起床,我就发现他的嘴和双眼明显地偏斜了。我当即意识到,这是脑部血管出了毛病,要立即就医,因此严肃地告诉他:"你的嘴和眼有点歪斜,今天不能到学校去,应该马上去医院。"

他看到我一脸严肃的模样,立即照了照镜子,然后对我说:"我不是很好吗,为什么不让我到学校去呢?今年的日程表中安排的许多事还等着我去准备呢?"

我对他说:"你对自己也太不负责了,居然有了毛病还看不出。可我从未忘记要对你的健康负责,你的细微变化无论如何逃不过我的火眼金睛。你今天嘴和眼的变化表明:你生病了。我知道你说的都是实话,许多事情还一下子真的找不到能替代你的人。但是你是否知道,那些从事健康教育的专家们曾经说过:'健康是数字中的1,其他所有的一切都是1后面的0,'如果1倒了,后面的0全都没有意义了。你身体垮了,还能干什么。现在只能立即

在华东医院,出院时与医护人员的合影

上医院。"

他虽然心里在嘀咕，可也只能在我的陪同下到华东医院就诊了。

经过华东医院医生的初步诊断，认为是脑卒中，即常说的小中风，应该住院治疗。他到那时候依然还不大相信自己已得了非住院治疗不可的病，因此在院长带领医生护士来查房时还向院长提出："我不住院可以吗？"

院长告诉他："不住院肯定不行。这次幸亏你来得及时，如果晚来一步或不来医院，血管可能会破裂，一旦发生这种情况，最好的药也作用不大了。谈老呀，既来之，则安之吧！最重要的事情也只能在身体康复后才能去完成。"

在华东疗养院陪伴家桢散步

院长的话，使他安下心来住院治疗了。

由于发现得早，又及时到医院就医，这次小中风没有对身体造成太大的伤害。经过一段时间的住院治疗，他就出院了。出院后，他又迫不及待地到学校

与我弟邱荫章夫妇合影（2007年）

上班了。出现在公众面前的,依然是精神抖擞的家桢。那年排在日程表上的计划,也就一五一十全部完成了。让他最兴奋的是,他在那年的8月份率团出席在英国伯明翰举行的第17届国际遗传学大会上,争取到了舆论和公众的支持,最终北京以优势得票数获得了第18届国际遗传学大会的主办权;12月份他荣幸地出席在人民大会堂举行的毛主席诞辰100周年纪念会,听取江泽民同志的报告和瞻仰了毛主席的遗容。

2. 脆弱的生命变得坚韧了

人是脆弱的,生命是脆弱的,但是脆弱的人可以变得坚强,脆弱的生命能够变得坚韧。这一切都建筑在我们对健康的追求并付诸行动的基础上,而且这些行动必须是科学的、持久的。

家桢这次小中风本身,表明他的生命是脆弱的。而小中风后及时到医院就医,很快就得到康复,表明脆弱的生命能够变得坚韧。在这里,脆弱变坚韧的关键是及时发现、及时治疗。换句话说,时间就是生命,时间就是良药。那么,是不是人人都能得到这剂良药呢?也不是,有幸获得这剂良药的人,必须具有高度的负责精神。如果不是我对家桢的高度负责,怎么能明察秋毫,一眼发现他自己也尚未觉察的细微变化呢?实际上,自从我俩组建家庭后,在温暖和谐的生活中,我们都感到家就像一个花园,只有精心呵护,才会百花盛开,春色满园。如果没有体贴和关爱,再美丽的花园也会变得一片凋零。我和家桢之间,各自的细微变化都逃不过对方的眼睛,正是这种共同生活中形成的默契,使我们体

与香港李达三夫妇、林辉实夫妇和众仁花苑张主任合影(2002年)

我和谈家桢

众仁花苑的第一号居民

昨天下午,九十高龄的谈家桢老人携夫人住进了众仁花苑(原众仁老人公寓)两室两厅的新居,一股温馨顿时扑面而来:淡雅的装饰、淡雅的家具、精巧的盆景和绿色植物……一切都安排得妥妥贴贴。谈老夫妇连声说:"蛮好、蛮好。"

新居周围的环境,谈老也很满意:地处南翔古镇,交通便利;四周绿荫环抱,空气清新。他说,我就需要这样的居住环境,既能安心休息、写作,又便于外出开会、活动。

谈家桢家中,长期操持家务的阿姨年岁已大。得知慈善安老公寓能解决老年人的休闲、娱乐、医疗、餐饮等生活需求,谈家桢夫妇就萌发了入住众仁花苑的念头。

正当谈家桢夫妇细细欣赏新居时,市慈善基金会会长陈铁迪和副会长陈正兴、余慧文等来了。陈铁迪边向众仁花苑的第一号居民——谈家桢夫妇颁发具有纪念意义的入住纪念证书和金钥匙,边说:"我们不仅要让居住在这里的老人安度晚年,更要欢度晚年。"谈家桢听后高兴地说:"我尽管已经90岁了,可总觉得自己的血压是热的,我要在这么好的环境中,多思考一些问题,再为社会出点力。"

据悉,花苑的三幢居住楼将于今年底竣工,明年将有大批老人入住。

新闻照片 背景故事

沈国芳 俞新宝 摄影报道

上海《解放日报》关于我们入住众仁花苑的报道

会到家的重要。家看起来平平淡淡,可没有家就会在顷刻间凄凄惨惨。没有家的人有病也难以及时发现,对家不负责的人无论如何也得不到"时间"这剂良药。

俗话说得好:"无家的男人死得早,无家的女人容颜老。"

3. 众仁花苑的第一户居民

1999年,家桢已年过九旬,我也78岁了。他的同事和学生以及我的同事和朋友都认为,我们不能和一位年老的阿姨再住在陕西南路63弄8号院了,最好搬到适合老年人居住的地方去生活。我们考虑再三,发现朋友们的建议是有道理的,经过多处打听,觉得离市区和离复旦大学比较远的南翔镇的众仁花苑,是比较理想的迁居之地。那里是专门为老年人建造的老年公寓,拥有中央空调,有为老年人服务的24小时医务室,有食堂、小型会议室、影视室、活动室、图书室等等。我们又经过反复比较,终于决定搬到南翔镇的众

我们在众仁花苑中散步

仁花苑去居住。1999年6月4日,我们挥手告别了居住19年之久的陕西南路63弄8号院,成了众仁花苑的第一户居民。6月5日,也就是我们成为众仁花苑居民的第2天,上海市慈善基金会会长陈铁迪同志和市政府有关领导专程前往祝贺我们成为众仁花苑的第一户居民,还特地为我们制作了一把金钥匙及一个镜框,钥匙和镜框上都书写着"第一户居民"这五个字。

在众仁花苑

在众仁花苑安居后,每天由司机小舒同志接送家桢上下班,这里的医务人员也很尽心尽责,每天给家桢量血压,并根据实际情况配药。就这样,我们在众仁花苑丙楼11楼1室安静地生活了3年。到2002年,众仁花苑的医生根据血压测定的结果认为,家桢的血压不是很稳定,建议住院观察治疗。我们接受了医生的建议,立即住进了瑞金医院。

住进瑞金医院后,副院长俞卓伟先生为减轻家桢住院的孤独,常会到病房嘘寒问暖,其他医护人员也很尽心,很负责。但是,我知道,住院的高血压病人,如果没有一个好心情而光靠药物治疗,那么药效是会大打折扣的。为了使他早日康复,我决定除必需到众仁花苑取一些日常用品外,就陪他住院。因此,他在瑞金医院住了半年,我也差不多在瑞金医院呆了5个月。

我在他的身边,主要是陪他聊天,聊他战胜困难的勇气,聊他为了坚持科学真理、不畏压力的高尚情操,聊他待人宽容、助人为乐的好品质,聊他深受学生、同事尊敬的事例。总

与陈竺一家合影(2002年)

第18届国际遗传学大会筹委会成员合影(1994年)

之,一切能使他心情愉悦的内容都聊。马克思曾经说过:"一份愉快的心情胜过十剂良药。"

我相信马克思的这个结论,尤其是高血压病人,愉快的心情对稳定血压的作用有时会胜过药物。我和他聊天侃大山,他总会从中获得快乐,他会笑口常开。一旦我不在身边,医生护士很少见到他的笑脸。千万别小看这个笑,发自内心的笑,让人感到心旷神怡的笑,也是一剂良药。病人的笑,是战胜疾病的信心和力量的表现。俄罗斯的一句谚语就说:"笑是力量的亲兄弟。"

美国科学家也提出过这样的观点:"笑可能是最好的药物。"

据说,最新的研究表明,心情舒畅、自感幸福的人,肾上腺素和皮质醇这两种称为压力激素的物质会分别下降70%和39%左右,与此同时,内啡肽和生长激素这两种能提高免疫力的物质会分别上升27%和87%。由此可见,聊天是一门学问,更是一门艺术。要使病人能愉快地聊天,必需了解病人、熟悉病人。能使病人愉快地聊天,是一剂任何药物也无法替代的灵丹妙药。事实也是如此,家桢在医院里,血压基本上都处于平稳状态,其中除医护人员的精心护理和药物的作用外,我成天陪伴在他的左右,每天给他一个好心情,也功不可没,起码增加了药物的康复功效。

他因高血压住院治疗时,我已81岁了。要是没有对他高度负责的精神,我怎么能长期坚持伴随在他身边呢? 医院条件再好,也比不上自己的家呀!

九 "三农"情结

在家桢的一生中,他最钟爱的是遗传学。然而,他也有着浓重的"三农"(即农业、农村、农民)情结。可惜在有关他的出版物中,几乎没有见到此类内容,连他的重要活动年表中也看不到他"三农"情结的印迹。我觉得,在他的一生中,要是缺了"三农"情结这一块,会留下深深的遗憾。在这里,我想尽自己所知,补上这么一笔。

1. 中华大地春光明媚

1999年,我们从市区搬到南翔众仁花苑,成为那里的第一户居民后,外出活动的时间少了,在家的时间多了;工作的时间少了,回忆思考的时间多了。90岁的家桢和78岁的我,在人生历程中已到了生命和死亡的大限,进入了与历史规律,与天道、宇宙、自然、人类文明和谐的新阶段。这个阶段的人能以比较超脱和平静的心情来审视自己走过的路。在经过认真回忆、反复思

与中外学者考察广西农业大学(1994年)

在广西宜山白崖农村(1987年)

考之后,家桢得出了自己的结论。他认为:"我能躬逢盛世,目睹亲历祖国巨变,中华大地春光明媚,我真是堪称晚年幸福。"所以,他逢人便说,这些年来,我曾把自己的亲身感受,写成了四句对新世纪的祝词,这就是:"丰衣足食,安居乐业,延年益寿,天下太平。"

我是他的第一个听众,第一个听到这四句祝词的就是我。他告诉我,祝词中最重要的是第一句,这一句是基础,这个基础就是农业,有了农业才能为人类提供衣食之源,古今中外以及将来,只要有人,就要吃饭。不管是数学世纪、理化世纪,还是生物学世纪、纳米世纪,人都要吃饭,不吃饭就会饿死,这是连三岁的孩子也知道的常识。我们的祖先把"食"和"反"放在一起,组成一个"饭"字。这就告诉我们,"饭"如果缺了"食",那就只剩下"反"了。"反"就是造反,就是抢劫、暴动,一个社会群众造反了,那还能安居乐业吗?连饭也吃不上,还能延年益寿吗?造反的国家很多,怎能天下太平呢?

听了他的解释,我觉得很对。尤其是作为农业大国的中国,13亿人口中,农民占了大多数。正因为如此,"三农"问题始终是上至中央领导,下至普通平民百姓关注、聚焦的热点。诚如胡锦涛同志所说:"农业丰则基础强,农民富则国家盛,农村稳则社会安。"

家桢对"三农"重要性的认识,决不是心血来潮,也不是学了某个文件后的心得体会,而是因为他对国内外的历史有深刻的了解。此外,还因为他所钟爱的遗传学一开始就与农业相关。

他清楚地知道,要是没有那些成年累月与动物打交道的人们,就不可能看到动植物各种各样的变异,更不可能利用变异培育出符合人类需要的作物和家禽、家畜。正是由于人们对变异现象的认识和利用的实践活动,才奠定了遗传学的基础。

与从事农业科学研究的学生合影

他在《中国大百科全书·生物卷》的遗传学条目中指出:遗传学是在育种实践基础上发展起来的。在人们进行遗传规律和机制的理论性探讨之前,育种工作只限于选种和杂交。遗传学的理论研究开展后,育种手段便随着对遗传和变异的本质的深入了解而增加。他在《遗传学与人口和粮食问题的对策》一文中指出:农业问题也是全球性的一个大问题,农业问题的实质是粮食问题。世界各国学者都在探索粮食增产的途径和方法。随着人类对生物遗传变异本质的深入了解,在实践基础上,遗传育种的手段将日益多样化。生物工程技术,就是一种新型的科学增产技术。

2. 家桢的"金点子"

早在1983年,家桢就提出过这样的问题:"党中央总结了正反两方面的经验后,领导我们搞四个现代化,把农业的问题放在战略重点的第一位。但是,我们在城市里的知识分子又有多少人懂得农村、农业、农民的重要性?"

他一贯主张,城里的知识分子,包括搞科学、搞政治的,都应该懂得"三农",而要懂得"三农"就必须到农村去,到田间地头去看看,去和农民打交道。他自己就是这么做的。

在上海宝山罗店考察小麦新品种的长势

据我了解,1983年,宝山县农村的早熟小麦"罗麦1号"田里就出现过他的身影,他是特地赶去参加"罗麦1号"良种小麦示范鉴定的。当他得知"罗麦1号"出自复旦大学生物系遗传学教研组的教育实验材料时,格外高兴。他鼓励在场的研究人员再接再厉,努力创造,使农作物育种再上一个新台阶。在他的鼓励和支持下,"罗麦6号"、"罗麦8号"等系列新品种相继问世。现在"罗麦6号"已成为苏北地区大面积推广的品种,"罗麦8号"已成为上海地区重点推广的高产、抗病品种。

据2009年6月15日《新民晚报》报道,由宝山区农业生物技术中心培育的"罗麦10号"新品种,当年种植面积在百亩以上,亩产平均达到490千克,最高亩产为517.5千克。许多老农都说,如此高产小麦实属罕见,快接近单季晚稻的亩产了。

1987年金秋时节,在宝山县老县长钱生同志的陪同下,我和家桢登上了长兴岛。我们看到岛上一片片橘园,都已硕果累累。他兴致勃勃地向当地的果农询问有关柑橘的种植技术、生产成本和效益等问题。当他听到种橘子比种粮、棉、油,可增加两三倍收入时,立即意识到这是改革开放的政策给农民带来的实惠。当他听到一部分橘园因管理不善、效益不高时,明确指出,农业的发展一要靠政策,二要靠科技;要提高农业的收益,在有

与口蹄疫课题组负责人郑兆鑫合影(2006年)

在宝山农业生物技术中心参观(1996年)

了惠民政策的前提下,就取决于劳动者的素质和掌握先进技术的专门人才了。因此,要改变橘园产量低、收益差的现状,关键是提高农民种橘的科技水平。

宝山区前副区长吴根法说:"谈先生的话一语中的,讲到了问题的要害。实际上,横沙、长兴两岛大面积种柑橘在当时还是刚刚起步。橘树的整修、施肥、病虫害防治等一套技术,与粮、棉、油的田间技术有很大的差别。原来对粮、棉、油种植熟门熟路的老农,在种植柑橘时就成了门外汉。后来,县政府有关部门按照谈老的建议,立即建立柑橘标准示范园,健全乡、村、队三级柑橘管理网络,举办多层次、多形式的技术培训班,指派柑橘专管员到果园现场指导等。在以后的五年中,两岛的柑橘生产水平

在上海宝山橘园考察

跨上了一个新台阶。"

说到这里,吴根法非常兴奋:"谈先生的一个'金点子',促进了柑橘生产的发展,使橘农得到了实惠。这种'支农'所带来的效益,是无法用数字表达的。"

1996年1月,宝山区成立了上海市郊第一个集科研、生产、推广为一体的农业生物技术中心,聘请家桢任中心主任。家桢很兴奋,在中心成立仪式上,开门见山地提出:"生物工程技术必须与农业生产相结合,农业科技创新离不开生物工程技术的应用。生物工程的发展把生命科学推到一个神话般的境界,通过生物工程技术能在几天时间里创造出新的生物种类,完成自然界几千万年才能完成的进化历程。宝山农业生物技术中心要不失时机地采用生物技术,并尽快将研究成果转化为现实生产力,推动现代农业的发展。"

他鼓励科技人员要热爱本职工作,为农业多作贡献。自从家桢兼任宝山农业生物技术中心主任后,该中心在小黑麦杂交育种等方面取得的进展令人欢欣鼓舞。那时,我陪同他到宝山的次数就多了,我们不仅到农业生物技术中心的实验室,还到过果园、园艺场等多个地方。

家桢的脚步没有停留在上海,江苏、浙江等地的许多农民和农业科技工作者都与他有过交往。比如我陪着他多次到过浙江省的玉环县。玉环县以生产

在田头参观小麦新品种的长势

文旦出名,可玉环文旦长期来良莠不齐,缺乏市场竞争力,文旦种植户的收益很低。玉环县农业部门邀请家桢帮他们出主意,使玉环文旦能在国内市场尽早赢得一席之地。家桢欣然接受了邀请,他带领遗传所的有关老师到玉环县实地考察文旦的种植情况。经过几次认真的考察和研究,家桢认为玉环文旦必须汰劣留良。复旦大学遗传所与玉环县联手,经过几年努力,终于使玉环文旦走出逆境,获得了新生,使之在国内市场占有一席之地。

20世纪60年代,家桢还到过浙江绍兴的东湖农场,70年代他到过江苏泗阳县的棉花原种场,与当地的农民和农业科技人员建立了友谊。

3. 与农民亲如一家人

1967年,家桢作为"给出路"的对象到当时的宝山县罗店公社天平大队接受贫下中农"再教育",在那里与贫下中农"同吃、同住、同劳动"。在约一年的时间里,他在"三同"中与农民建立起了异乎寻常的友谊。1968年,家桢离开那里后,几十年来,一直惦记着那里的农民朋友们。时隔二十多年后,家桢要我陪他一起到当年"三同"的地方去看看那些老朋友。

我们特地上门拜访了唐金妹老妈妈。当年,他与唐金妹一家同吃了一年饭。时隔二十多年,两位老人再次相见,紧紧握手,感慨万千。

家桢告诉我,1967年的罗店,农民的温饱问题基本上没有解决,唐金妹家是当地的特困户,一日三餐基本上都是稀饭加咸菜。他们全家不清楚什么是"反动学术权威"、"走资派",她和她的三个孩子对我都很好,时间一长,我们真的亲如一家人了。

我陪家桢到唐金妹家看望唐金妹的消息很快就传开了,邻近的村民,不论男女老少都到唐金妹家来了,把她家的客堂间挤得满满的。那些上了年纪的老人,见到家桢犹如见到久别重逢的亲人,问长问短,有说不完的话要倾诉。当家桢问起农民现在的生活时,唐金妹老人告诉家桢:"儿女长大了,都成了家,二儿子在罗店镇农科站当技术员,孙女已是小学生了。当年的草房没有了,现在全村的人都搬进了农民新村。与以前相比,现在的生活已完全变样了。"

家桢饶有兴趣地掀起了菜碗上的盖子,见到了荤菜和素菜。此时,唐金妹老人对我们说:"欢迎你们再来作客,下次来一定在我家吃饭,再也不会让谈先生吃稀饭咸菜汤了。"

在有说有笑中,大家感到了亲人会面的温暖,不知不觉日已西斜,又要分别了。临别前,家桢邀请唐金妹老人和村民与我俩合了个影。这张普普通通的合影,记载着家桢与农民的一片深情。

重访唐金妹家

4. 心向"三农"

家桢积极鼓励、热情支持生物学系的教师开展农业科学研究。

1961年,复旦大学遗传学研究所成立,他兼任植物遗传学研究室主任,亲自确定研究方向和研究课题。在他的主持下,研究室确定以杂交育种为中心,高产抗病为目标,选用染色体组型清楚的水稻和油菜为研究材料。全室同志在他亲自过问下有条不紊地开展了油菜和水稻的育种研究。在葛扣林老师主持下,用八倍体油菜和二倍体油菜杂交得到了四倍体的抗龙头病的杂种材料,而且首次发现八倍体油菜通过减数分裂会形成三倍体的配子。在蔡以欣老师的主持下,水稻杂种优势利用的研究也取得了很好的成绩,由蔡以欣提出的创建水稻不育系的途径和方法等,逐渐成了水稻育种界的共识。

1964年,他已被国务院正式任命为复旦大学副校长。他十分赞同生物学系决定在罗店设立农业试验站的举措。他还特地提醒生物学系的领导要爱护和保护下乡蹲点老师的积极性,要向下乡蹲点的老师伸出一双充满关爱的手。

20世纪80年代,他积极倡导和支持复旦大学的教师开展农业基因工程研究。在他的倡道和支持下,口蹄疫疫苗的基因工程研究、转基因水稻研究、转基因细菌防治水稻条纹叶枯病的研究等一批项目,都取得了骄人的成绩。

家桢非常重视农村的智力投资。早在1982年,他就撰文指出:"从长远看,我们培养和挑选人才资源的基地主要应该是在农村,而不是在城市。"

他还指出:"中国农民一直被世人誉为聪明勤劳,在农村中有才能的人多的是。中国古今历史事实表明,各行各业中的杰出人物,有许多来自农村。很可惜,还有很多能人由于多种客观上的原因,没有条件得到培养和发掘,因而往往自生自灭。"

"为了提高农村的人才素质,改良农村环境,一个迫在眉睫的任务,就是

与中外学者一起参观上海农学院(1994年)

提高广大农民的科学文化水准。我们教育的立足点,并不在于培养一二个能获得诺贝尔奖的尖子,而在于有广泛的普及知识的基础,提高全民的知识素养。"

1989年5月8日,我陪家桢出席了上海农学院建院30周年(复校10周年)的庆祝会。在这次会上,他愉快地接受了学院的邀请,担任了上海农学院的名誉院长。他在庆祝会上的发言中指出:"关于我们的立国之本,我提出了两条腿走路的思想。哪两条腿呢? 一条是农业,一条是教育。中央也提出了三大战略任务嘛,第一是农业,第二是教育,第三是交通能源。所以,农业是立国之本,教育是立国的基础。一个国家的前进方向,取决于这两条腿,缺了一条腿就无法前进。中国农村的建设问题、农村教育问题,是振兴中华的关键。我们农学院又搞农业,又搞教育,我们要有时代的使命感和紧迫感,还要有自豪感!"

庆祝会结束后,他欣然命笔,为上海农学院题词:"继往开来,任重道远。"

自从他兼任上海农学院名誉院长后,几乎每年我都要陪他到农学院去一二次,有时候去讨论科研方向,有时候去剪彩,有时候去参加课题论证等。

家桢也十分关心农村的思想教育工作。他在1982年就指出:"要大大地丰富农村的文化生活,用高尚的、健康的替代低级庸俗甚至腐朽、淫秽的文化生活,使精神文明与物质文明相适应。"

其实,他关心的不仅仅是农村的思想教育和精神文明建设,他关心的是全民族的思想教育和精神文明建设。

在世纪之交,形形色色的邪教组织在世界许多国家和地区相当猖獗。我国也不例外,在一些地区,愚昧的迷信活动沉渣泛起,反科学、伪科学活动时有发生,尤其是李洪志及其"法轮功"邪教组织,以祛病健身、修身养性为诱饵,散布"消业"、"圆满"、"升天"等歪理邪说,愚弄坑害百姓,制造了一起又

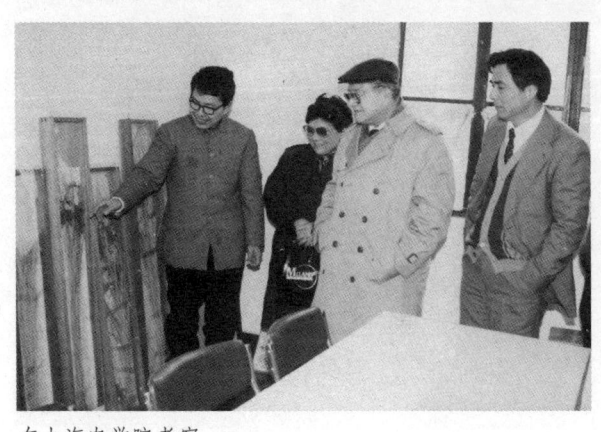

在上海农学院考察

与老学生赵寿元夫妇合影(1998年)

一起的人间悲剧。

家桢认为,对生命科学知识的缺乏和无知,是伪科学和愚昧迷信活动得以盛行的土壤。其实,李洪志等人的生老病死的歪理邪说,比如"不用吃药就能治好病",完全是反科学的欺人之谈。唯物论与唯心论、科学与反科学、文明与愚昧的斗争是一项长期的任务。为了彻底根除邪教和迷信的影响,铲除歪理邪说滋生的土壤,他曾上书党中央领导,建议在全国广泛开展生命科学知识的普及教育。

他的建议得到中央领导同志的首肯,中央领导立即要求中国科协具体落实,在半年时间里,由北京教育出版社组织出版了一套《解读生命丛书》。

2003年,由家桢任主编,组织上海市有关的专家,开始编写专门普及遗传学知识的读物。在他与副主编吴爱忠、罗利军商讨丛书编写的具体事项时,我正好在他们的旁边。经过家桢多年熏陶,我对基因科学也有了浓厚的兴趣,因此我提议,把这套丛书定名为"基因宝库"。家桢和两位副主编听后一致认为,"基因宝库"这个名字很好。这套丛书共10本,出版一年后,得到了社会的认同,还获得了上海市的科技进步二等奖。

十　百年华诞

在新世纪的钟声敲响之后，九旬高龄的家桢，才开始卸下沉重的人生使命，万丈红尘也已渐渐移向远方。周际环境宁静下来了，生命的节奏也逐渐放慢，他已可能在没有任何功利的情况下面对一切，包括自己。他在回忆的原野上漫步，经过总结、归纳，不仅写下了对新世纪的祝愿，还特意抄录了勉励自己的诗篇。

在华东医院收到的圣诞礼物

在华东医院与孙子、孙女家合影

他祝愿全国人民在新世纪里能丰衣足食、安居乐业、延年益寿,他祝愿新世纪里没有战争、没有灾难,天下太平。

他抄录下列诗篇勉励自己:"人体进化秘最玄,寻踪苦觅穷辨源。万类古今何相似,缘是基因密码传。巨言出,惊九寰,送浪蛰旗心映天。九旬常怀千年策,热血更温世纪泉。"

1. 病魔再度袭来

新世纪开始的头两年,他虽步履不便,但还能在室内方寸之间活动躯体,还能天天用眼睛、用耳朵、用心灵去感知外面世界的所有变化。春草又绿、庭花凋零、街市忙碌、后辈来去等等,他全都心知肚明。他依然精神振奋、老当益壮、与时俱进,自觉地做到"老树发新枝,梅花二度开"。2001年4月28日,他还致信时任中共中央总书记江泽民同志,呼吁普及生命科学知识,破除迷信、打击邪教,建议有计划地组织科普工作者和专业人员编著生命科学的普及读物。2003年,他在荣获首届"上海市教育功臣"后,即任"基因宝库"丛书主编,组织上海市有关专业人员编著基因科学的大众读物。

就在他"苍龙日暮还行雨,老树春深更著花"的时刻,病魔已悄悄地向他发起了进攻:血压一下子往上窜。经过瑞金医院医护人员的努力,他终于病愈回到了众仁花苑。在此后的一年多时间里,我们的生活相当清静悠闲,家桢依然能在室内缓慢行走,继续关注着国家和上海的变化。可好景不长,到2004年,病魔再次来袭,这次他的体温突然间升至38~39℃。这突如其来的变故,使我和众仁花苑的医护人员束手无策,不得不急匆匆地把他送到华东医院。进院的日子是2004年6月6日。华东医院的医生、护士经过几天几夜的奋斗,总算使家桢的体温恢复了正常。然而"福无双至,祸不单行",体温刚刚恢复正常,老年性前列腺肥大又掀风作浪了,后者导致小便不畅,使家桢无论白天还是黑夜,总要多次小便。也真叫"屋漏更遭连夜雨",在经常要到厕所小便的时候,他的腰椎又痛了,双脚已不能行走,上厕所和在室内活动都要靠轮椅了。

日夜多次上厕所、小便不畅、腰椎又痛,这就严重影响了睡眠和休息。更麻烦的是,引起了血压不稳。总之,自2004年6月6日入住华东医院,体温恢复正常后,生理障碍越来越多、越来越重。但是就在疾病缠身、病痛无情地折磨他的时候,家桢依然让人仰视。这就像我们面对枝干斑驳的老树和老树上的枯藤残叶时,总会感到一种深厚的美。

生理障碍越来越多,而且障碍日益严重,幸好家桢的脑子和神经没有受到影响,直到离世之前他的脑子一直是清醒的。

在2004年到2006年这段时间里,尽管他的疾病越来越多,越来越重,可他的思绪总在时断时续、时喜时悲、时真时幻地审视着一切,也包括审视自己。或许到最终他仍然未能找到生老病死、天灾人祸等的产生原因,但经过认真的审视,他对社会、对人生、对自然有了更加透彻的理解。他最终认定,在我们这个人类社会里,人与人之间产生的一种爱的关系是十分重要的,因为我们文化中的很大一部分并没有给予你这种东西。做人要有同情心、要有责任感,只要我们做到这两点,我们这个世界就会更加美好。

他虽罹患疾病,却始终未忘记做人的责任。为了美好的明天,他继续在为我们的社会献出自己的那份爱。2004年10月30日,在迎接复旦大学百岁校庆的日子里,他在病床上写信给复旦大学海内外的校友们,呼吁广大校友共同为母校的建设和发展献计出力,回报母校。2005年,他还在病床上接受媒体采访,他提议:建设世界一流大学,提高教师实力最重要;好老师可以有不同风格,但必须以德为本;前辈要给年轻人开路,年轻人要敢于打破框框;大学教育贵在启发,而不是规训式;学生不能被老师牵着鼻子走,要敢于独立思考,大胆创新;对于现在科学界的年轻一代,在看好他们的同时应提倡做研究要宽口径、大视野。

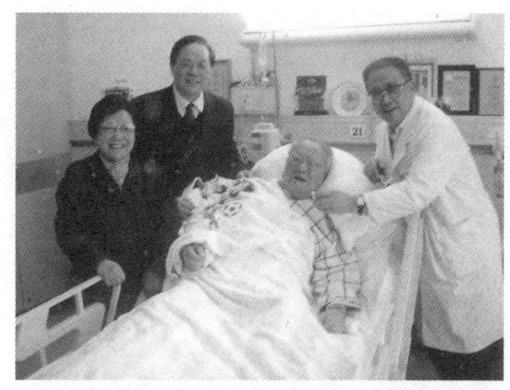

华东医院院长俞卓伟探视家桢

2005年,复旦大学百年校庆前夕,他在病床上再次挥笔给海内外校友写信,信中写道:"吾平生无所追求,终生之计在于树人,希求我的学生以他们的学识服务于社会,贡献于人类。在我古稀之年,眼见我的学生,不论在国内或海外,个个脱颖而出,在各自领域里出类拔萃,不少人并以他们的创新精神走

众仁花苑医护人员探望家桢

陈望道儿媳探望家桢

在生命科学的最前沿,做出了为世人公认的成就,我为之感到兴奋。"

在2006年9月18日,他还为《现代农业与金山发展》一书写前言,这也许是他留在人间的最后一篇文章了。他在文章中写道:"农业是人类社会的第一个产业。农业不仅开启了人类文明的大门,而且为人类的生存和发展以及构建和谐社会,奠定了物质基础。

"'菜篮子'、'米袋子'不是'柴米油盐酱醋茶'的生活小事,而是一头系着中央、一头系着千家万户的头等大事,是广大人民群众的'生命工程',是衡量和评价党和政府是否为百姓排忧解难的民心工程!发展农业,需要党和国家的重视和支持,需要农业管理部门的精心谋划,需要广大农民群众的辛勤劳作,还需要不断提高劳动者的科学素质。唯有农业科学知识得以普及、科学种田的精神深入人心,农业才能为丰衣足食、安居乐业、延年益寿、天下太平提供可靠的保证。

"应当看到,普及农业科学知识在当前依然是一项相当艰巨的任务。不懂农业科学、不按规律办事,在我们的社会生活中屡见不鲜;另一方面,各种伪科学还打着科学的旗号在招摇撞骗,这就需要广大科技工作者,尤其是农业战线的科技、教育工作者加大向大众普及农业科学知识、宣传科学精神的力度。"

在写完这篇前言后,他的听力已明显下降,视力也今不如昔。基本上只能靠笔与板跟来者交流,把要说的话写在板上,还能彼此沟通和交流。同年11月份,美国科学院院士、诺贝尔奖得主、

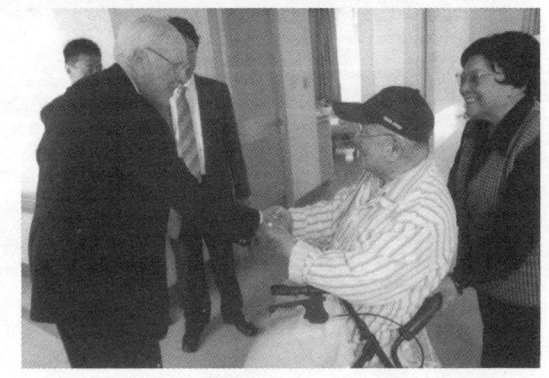

在华东医院与美国沃森教授相见

DNA双螺旋结构发现者之一的沃森来访时,他们两人就是靠这种方式交流的。

2. 下辈子还要和你在一起

时光已进入2007年了。他的身体明显地衰弱了,前列腺肥大、腰椎酸痛、血压偏高等多种疾病在纠缠和折磨他,医生想尽办法也难以控制。但是他的意志还是非常顽强的,到医院来看望他的学生和朋友,看到的依然是无忧无虑、面带微笑的谈家桢,除了面庞略显清瘦,丝毫看不出因病魔折磨所造成的痛苦,只有我深知他强忍着病痛与疾病顽强拼搏的毅力。

白天,我们都显得轻松,显得乐观。我知道,我俩都在相互欺骗,都想把最大的痛苦留给自己,把最大的希望留给对方,可有时候,我们又难以把自己的真情完全隐藏起来。有一次,我坐在他的病床前,特地为他包虾仁小馄饨时,他像小孩那样聚精会神地看着我,突然他开口了:"我觉得对不住你,这样苦了你。"

我心里很酸,却装作镇静地说:"不要这样想,我有什么苦呢?我能够为我最亲爱的人做事情,哪怕做一件小事,我也高兴!我们既然走到了一起,就要一起奋斗,就要把病治好。"

他点点头说:"你做的虾仁小馄饨真好吃,比我吃过的中餐和西餐都好吃。我知道,你把我的生命看得比你自己还重。我心里都明白,不知如何对你说。我有时会自责,是否当初和你结婚太自私了。你是医院里的业务尖子,你有自己的事业。现在为了你,我也要治好病。"

我的泪水禁不住夺眶而出,带着哭声说:"还记得吗,你在长海医院动手术时,我说过'一切有我呢';在'四人帮'横行的日子里,我说过:'我有饭吃,你也吃饭';我会与你相伴终身,我会永远照顾你、安慰你,对你始终如一的。你是国家的栋梁之才,我照顾你也是为国家分忧、为人民尽责。"

他注视着我深深地叹息说:"没有你,我的足迹是绝对不会遍布世界各地的;没有你,我早已化作一缕青烟随风飘去了。我只是常常内疚:你为我牺牲得太多了!"

现在回想起来,我和他之间,直到他临终,从未谈过"死"这个字,我们只想谈"生",谈生的希望、生的快乐,因此我们从未谈过死前的遗嘱或身后的遗

相伴在一起

愿。只有在2007年,上海的孙子一家和我在他病床前时,他对大孙子小东说:"我年纪大了,又疾病缠身。我是个唯物主义者,我知道自己在世的时间不会太长了。我最放心不下的是你奶奶,她为了我,放弃了自己的工作,牺牲了自己的事业,全心全意地照顾我。我真对不起她呀!我走后,她又没有自己的孩子,该怎么办呀!"

大孙子小东善解爷爷的心意,立即明确表示:"爷爷,你放心好了,我会照顾好奶奶的!"

听了小东的话,他与我都感到十分宽慰,他的脸上立即露出了微笑。他把正戴着的手表取下来送给小东的女儿,以作留念,并对小东说:"爷爷一辈子见过的钱很多,可自己没什么积蓄。这块表虽不值几个钱,但他随我走南闯北,伴我历尽艰辛,送给你的女儿留个纪念吧。爷爷走后,你们见物如见人,就会想起爷爷的。听爷爷的话,帮我照顾好奶奶!"

听着家桢的嘱托,我的心加快了跳动,我的泪已淌到脸颊上,内心禁不住在呼喊:家桢,我的亲人,你经常在关心我。你不放心我每天在医院和家之间来回奔波,每每打雷下雨,你就会请医护人员打电话给我,叫他们关照我:"路上不好走,你不要来了,我在这里都好,你自己不要因淋雨而生病了。"

今天,你又在惦记着你身后的我。我真是太感激了,下辈子我还要和你在一起,陪伴你,照顾你!

家桢呀!你知道吗?你的和蔼可亲、平易近人,一直

与学生金力合影(1995年)

在华东医院医护人员中间传颂着。他们都知道,来探望你的学生很多。尽管你的身体一天不如一天,可行动不便的你从没有忘了叫我为来访者倒水端水果,或请他们到外面吃饭。你总是尽可能伸出手,跟你的学生们握一下。在你无法自控大小便时,医护人员为你处理完大小便后,你总是会对他们表示感谢和歉意,总会对他们说:"不好意思,这应该是我自己处理的事,现在麻烦你们了。"

医护人员私下里都在称赞你,说你真是个模范病人!

3. 快要燃尽的烛光

与小东见面后不久,家桢的病情明显加重了。肾功能已完全衰竭,只能靠血透代偿肾功能了,其他脏器也出现了严重的障碍,更麻烦的是进食时食物常会进入气管。刚开始时,医护人员会小心翼翼地把食物从气管内吸出来,再用些药物进行治疗,过几天也就好了。然而,当食物进入气管的次数增多时,医院就提出要为家桢做气管切开手术了。从医生的角度看,气管切开后,从里面取出误入气管的食物要容易得多。而从我的角度看,切开气管不仅要增加病人的痛苦,也意味着病人从此丧失了语言交流能力。另外,我考虑到他的肾功能已完全丧失,其他脏器的功能也出现了严重障碍,光切开气管对生命的意义不大,因此我不同意给他做气管切开手术。家桢的心思,我也明白。他同样认为,在肾及其他器官出现严重功能障碍,而且又无力回天时,切开气管除增加痛苦、失去语言能力外,对生命的意义是不大的。这犹如一个有了多个决口的拦洪坝,其他几个决口已无法堵住了,全力堵住一个决口,除增加其他决口的水流量外,对拦洪本身还有什么意义呢?他告诉我,像他现在这样,做任何手术和用任何药物已无济于事了。他建议最好安乐死,把药物和其他医疗资源用到需要的人身上,这样才有意义。

在切开气管这个问题上,我俩的意见不谋而合。因此,我坚定地对医生说,如果食物进入气管,请你们用吸引器,或用其他更好的办法把食物从气管里取出,千万不要用切开气管的办法抢救。要是一定要切开气管,那就不要抢救了。因为用切开气管抢救最多不过多活几天而已,会给病人增加不少痛苦,而且还要浪

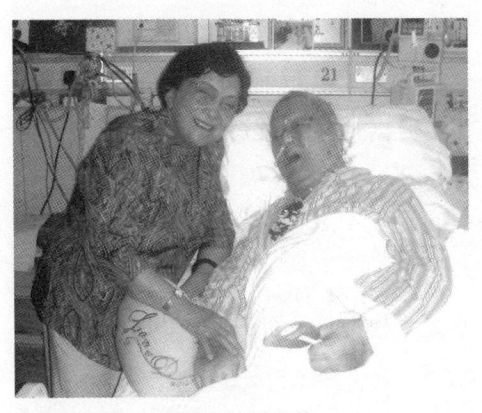

在华东医院的病房里照顾家桢

费许多医疗资源。医生不同意我的看法，他们对我说："像谈老这样国宝级的人物，上面决定是一定要抢救的。"

我与医院在要不要切开气管抢救的问题上，始终未取得一致意见。我回到病房把医院的意见原原本本地转述给家桢听，他听后无可奈何地说："看来，我是躲不过这痛苦的一刀了！医院也是没有办法的。他们不是说了吗，这是上面的决定。这个'上面'也不知怎么会作出这样的决定的。不过我相信，作决定的'上面'完全是出于一种善意。但愿作决定的'上面'能深入实际作些调查，将来能作些人性化的改变。"

我知道他虽然从心底里不愿做切开气管的手术，但又不愿使医院为难。这使他处于左右为难的境地。

我的态度始终未变，就是不同意做气管切开手术。在没有家属同意的情况下，医院是不能进行手术的。于是，他们在我离开医院回到众仁花苑的时候，直接与远在美国的家桢子女联系，征求他们的意见。结果，他们都同意给

与老学生许田合影（2001年）

家桢做气管切开手术。当我第二天上午从众仁花苑抵达华东医院时,医院正在等我接听美国来的长途电话。电话那头传来家桢子女们的意见,他们明确表示,一致同意医院给家桢做气管切开手术。在这时,虽然我依然不同意手术,但已于事无补了。

华东医院在征得家桢子女同意后,在食物进入家桢气管后就不再用器械费力地取出来,而是把他送进手术室切开气管。气管切开后,医生从气管里取物确实容易多了。可是切开气管给家桢带来的痛苦也是明显的,他的身体更不行了,医生给他输氧气,鼻子里整天插着管子。从此以后,他不会用语言和我或其他来访者交谈了。但是,他的脑子始终是清醒的。来医院探望他的学生和领导挺多,他见到熟人时虽不能说话,却常有这样一种表情:请原谅我,麻烦你们了。他非常安静,但并未昏睡。

华东医院的会诊表明,现代先进的医疗手段和器械已无法恢复他的脏器功能,他的生命只能靠机器、靠药物维持了。在病房内,我坐在他的病床对面望着他。望着,望着,我好像在望快要燃尽的烛光。我多么想让他的这对眼睛永远地亮下去!我多么害怕他离开我!此时的我,只觉得我和家桢的生命是紧紧连在一起的。如果他随风而去,我的四周将会是无尽的空虚。

我弟弟邱荫章全家祝家桢生日快乐

在华东医院过生日

为自己的生日切蛋糕

家桢的老学生为他过生日

上海茶叶学会为家桢祝贺百岁华诞

4. 百年华诞庆典

日历翻到2008年,家桢的多个器官已要靠机器运行了。每过一天,我的心总会紧张一点,总会问一下自己:"又过去了一天,家桢能挺到百岁生日吗?"

最后我的回答是:"一定要让他活到百岁,他一定能活到百岁。"

我知道,复旦大学生命科学学院早在2007年就已经在为"谈家桢先生百年华诞庆典"暨遗传学国际学术研讨会作准备了,家桢一定不会辜负复旦大学同仁们的一片好心的。

2008年,春天的芳草地、夏日的绿荷池,我都没有任何兴趣,我焦急地等待着丹桂飘香。因为桂花香了,家桢的百岁生日也就来临了。

8月过后9月到,华东医院的医护人员开始忙开了。他们在家桢病房的窗子上,贴上了多种多样的彩花,病房门口放满了学生们送来的鲜花。华东医院的医生和护理人员祝愿:家桢生日快乐!

家桢过生日真开心

2008年9月13日，在家桢百岁生日前两天，"谈家桢先生百岁华诞庆典"大会在复旦大学光华楼隆重举行。中共中央政治局委员、时任国务委员（现任国务院副总理）刘延东发来贺信，还派人前来祝贺。全国人大常委会副委员长、民盟中央主席蒋树声出席庆典并讲话，全国政协副主席、致公党中央主席、科技部部长万钢出席庆典。

时任卫生部部长陈竺、时任中共中央统战部副部长楼志豪、时任上海市委副书记殷一璀、时任中国科学院副院长李家洋分别致辞。时任市委常委、统战部部长杨晓渡，市人大常委会副主任郑惠强，副市长沈晓明，市政协副主席钱景林等出席了庆典大会。出席庆典的，还有宁波市的领导和浙江大学的代表等。

刘延东在贺信中指出，谈老是国内外享有崇高声誉的杰出科学家、教育家，也是著名的爱国民主人士和社会活动家。谈老以精深的学术造诣、高尚的为人风范、真挚的爱国情怀，勉励青年，提携后学，令人敬佩，不愧是学界泰斗、一代宗师。

蒋树声回顾了家桢在中国遗传学研究、教育和发展领域内做出的杰出贡献。他在讲话中指出：谈老作为民盟的杰出领导人，胸怀天下，关心国事，不顾年岁已高，仍积极为我国的改革开放和科学教育事业建言献策，为推进我国多党合作事业的发展尽心竭力。他引用"立德、立功、立言"的古训，称赞家桢是中国优秀爱国知识分子的楷模。他说，当代中青年知识分子要努力学习以谈老为代表的老前辈们的政治信念、优良传统和个人风范，坚定不移地为中国特

与小朋友一起庆祝家桢百岁华诞

家桢百岁华诞家人合影

色社会主义事业做出自己的贡献。

殷一璀指出,谈家桢是我国现代遗传学的奠基人,集"立德"、"贤才"、"高寿"于一身。谈老自留学归国70年来,为国家的科学教育事业作出了杰出贡献,谈家桢院士"爱国家、爱科学、爱教育"的崇高师德师风为后学垂范。殷一璀代表上海市委、市政府祝愿家桢长寿快乐,祝复旦大学遗传学科在新时期再创辉煌。

时任卫生部部长、中科院院士陈竺在谈起家桢时说:在我看来,谈家桢先生是中国遗传学界坚持真理的一面旗帜。即使是在20世纪50年代,李森科影响居于统治地位之时和20世纪六七十年代"文革"的困难岁月,他从来就不屈服于任何非科学压力对遗传学研究的干扰,坚持着中国遗传学的正确方向。今天,在中国的改革开放进入快车道,为青年学者提供的学术环境日益改善之时,我们更加感激和怀念谈先生等学术奠基人的丰功伟绩。谈先生是中国的,也是世界的。他是一位爱国的科学家,毅然放弃留美机会而回国发展当时国内还很薄弱的遗传学研究;他与毛主席有过多次不同寻常的交往,他们那场"座机夜半虚前席,先问苍生后鬼神"的对话,曾经被毛主席称为"西湖佳话";他的一生跌宕起伏,但他凭借自己的勤奋与热情赢得了数不清的荣誉;他还得到一个独特的荣誉:一颗国际编号为3542号、以他名字命名的小行星——谈家桢星。

家桢的学生赵寿元教授在谈起他的老师时说:谈老师以前给我写的留言条里,称呼我为"寿元弟"。称学生为"弟",这正反映了谈先生

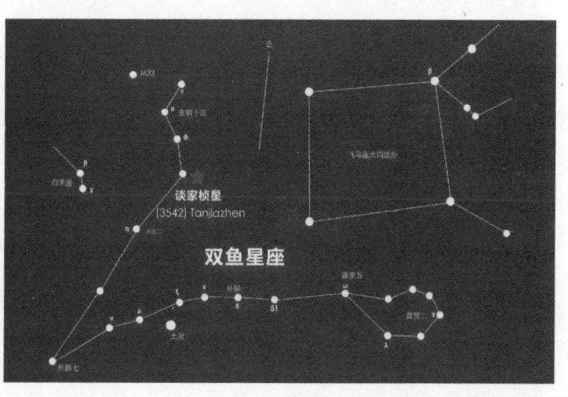

谈家桢星证书和星图

百岁家宴

谦逊的一贯作风。他对待学生后辈总是奖掖呵护,慰勉有加,从不疾言厉色,叱责训斥,有事总是婉言相商。

在庆典上,我代表家桢先谢谢所有到会的同志,同时我也讲了一点感受。我在庆典上告诉大家:家桢活了一辈子,学了一辈子。每次看书,他都全神贯注,一头钻了进去。他的社会活动能力也很强,常常有不认识他的外国遗传学界的人,看到遗传学类辞典上有他的名字,就会登门拜访。他会把找上门的外国朋友带到上海四处走走,就这样,他与外国同行一下子就成了朋友。

出席庆典的,还有中共中央、全国人大、国务院和全国政协有关部门的负责人。科技部、教育部、卫生部(现卫计委)、中科院和上海市有关领导也参加了庆典。此外,他的学生代表和复旦大学师生400余人也出席庆典,共贺他的百年华诞。

当天下午,《中国的摩尔根——谈家桢先生百岁华诞展》在上海科技馆开幕。民盟上海市委同时召开祝贺谈家桢教授百岁华诞座谈会。

庆典之后,在复旦大学光华楼举行了为期两天的遗传学国际学术研讨会。

在家桢百岁生日前,他的许多学生和朋友,各自从不同角度撰文反映他璀璨人生的各个侧面,这些文章已结集成书,书名叫《仁者寿——谈家桢百岁璀璨人生》,由赵寿元和金力主编。

除了复旦大学为家桢举办的百岁华诞庆典外,2008年9月12日,上海市茶叶学会也特地为他举办了百岁庆典,茶叶学会的领导都来了。在庆典上,他们发表了情真意切、发自肺腑的讲话,感谢家桢一贯来对茶叶学会的关心和支持。茶叶学会和许多协会的领导还赠送了寿幛和珍贵的礼品。在百岁庆典上,我代表家桢对他们的真诚表示谢意。

  9月15日是家桢的生日,家桢的儿孙辈在华东医院旁边的大酒店内,也为家桢举办了百岁庆典,庆典现场庄严隆重。参加庆典的主要是家桢的儿孙和重孙们,此外就是我的家人和家桢的部分老学生代表。家庭庆典是由大孙子向东主持的,我、家桢的二儿子谈洪及其他亲戚和学生代表都发表了自己的感想,共同祝福家桢健康长寿。最后,庆典在吹蜡烛、吃蛋糕、唱生日歌的快乐声中结束。

十一　魂断梦随

2008年11月1日7时18分,家桢走了,他永远离开了我。

1. 他仿佛已安然入睡

10月31日17时许,看到他如平日一样安详地入睡后,我就离开医院回家了。11月1日6时左右,家里的电话铃骤然响起,我匆忙拎起话筒,叫了一声

在家中设的灵堂

祖孙三代在谈先生灵堂前

"喂",那头就传来华东医院医生的声音,一开口就告诉我:"谈老正在抢救,快来医院。"

电话挂断了。此时,我的手抖个不停,赶紧给司机小舒拨电话,焦急中号码拨错了几次,最后总算接通了。我叫小舒快来接我到医院去。小舒从我的声调中推知是怎么回事,二话没说就叫我作好准备。他说,大约20分钟开车到众仁花苑。就在我一切准备妥当后,小舒开车已到我家的楼下。我立即下楼坐进车内,直奔华东医院。到医院时,时钟已超过7时了。司机小舒把车停好后,我们就急匆匆地走进病房。当我跨进病房时,大孙子小东一家已在我之前到达病房了。小东一见到我,立即上前告诉我:"奶奶,爷爷走了。我们来的时候,还见到医生、护士们在全力抢救,但是爷爷的心、肺、肾等脏器都已丧失功能,医护人员已回天乏术……"

我的脑子嗡的一声,一片空白,真是晴天霹雳!后来,小东说些什么,我就不知道了。

我似乎在腾云驾雾,木木地看着安祥的家桢,多想和他再说几句话呀!但他眼睛紧闭,像睡熟了一般……

一会儿,复旦大学生命科学学院的党、政、工会负责人和学生代表来了,复旦大学的党政领导来了,上海市的党政领导来了,民盟的领导也来了。他们是来安慰家属的。他们是百忙中抽出时间来向家桢告别的。对他们的到来,我只能代表家属说一声谢谢!你们辛苦了!

除了各方面的有关领导外,媒体的记者们也先后赶来了。华东医院院长俞卓伟同志告诉记者:"今年2月起,谈家桢先生身体状况明显恶化。先生与长期陪伴他的医护人员结下了深厚的友情,他积极配合医护人员进行治疗。自气管切开后,谈老就不能言语了。先生在弥留之际处于心功能衰竭、传导阻滞状态,经抢救无效而于今日上午7时18分离开了人间。最后时刻,他没有留下什么话,是静静地走的。"

上午11时左右,在有关领导和记者们离开病房后,大孙子小东和复旦大学生命科学学院的代表及华东医院的有关人员一起,把家桢遗体护送到医院太平间。俞院长建议,家桢的遗体就先安放在医院的太平间里,到大殓前再转送到殡仪馆。真没想到,俞院长考虑得如此周到。家桢在华东医院近5年的时间里,得到了该院医护人员最好的服务,身后,他们居然还愿意再留他一阵。对华东医院的真诚、真心和一流服务,我在这里真诚地表示感谢。华东医院的同志们,谢谢你们了!

11月1日那天,天阴沉沉的,我不知道自己是如何离开医院回到家的。进了家门,我就意识到家桢再也回不来了。我真是悲痛欲绝!与我终日相伴的人走了,心中空荡荡的,整天整天对着家桢的遗像和遗物发呆。现在想来,我还得感谢一直陪在自己身边的老阿姨。她看到我成天神情痴呆,不是坐在沙发上就是躺在藤椅上默默地流泪,她并没有说多少劝慰的话,只是说:"先生走了,他还等着你送他回归大地呢!大概先生还有没有来得及做的事,要你去做吧。"

老阿姨的话说得对呀!我得振作起来,要坚强地活下去,要勇敢地面对现实。此时,我开始感到肚子饿了,脑海中闪现出百岁寿辰前后的情景。仿佛记得,我曾问他:"大家要给你庆百岁生日,高兴吗?"

他轻轻握住我的手,微笑着眨眨眼睛,表示他内心的激动。百岁寿辰过后不久,我坐在病床边,他曾微张双眼看着我。我看到他有话要说的样子,就用毛巾为他擦擦脸,又喂他喝几口水,此时他的精神似乎好一些,手轻轻动了一下,竭力想说话可又不能说。看到他的嘴唇不断地颤抖着,一副十分吃力的模样,我的心都要碎了。猛然间,看到他眼睛里滚动着泪珠。家桢可是个坚强的人,一生很少流泪,此时此刻,大概他知道诀别就在眼前,难舍我俩三十多年来的挚爱真情。我知道他有千言万语,此时却有口难言。我只能强忍泪水,伏在他耳旁说:"我一切都知道,你会好起来的。不要说了,你想说的我都明白。"

他宽慰地眨眨眼,不久又闭上眼入睡了。

2. 上天与我同悲

11月8日上午,龙华殡仪馆大厅气氛庄严肃穆,家桢的遗体安卧在鲜花丛中,正中一幅"沉痛悼念谈家桢同志"的横幅倾诉着无数人的哀思,两侧前排摆放着党和国家领导人胡锦涛、江泽民、吴邦国、温家宝、贾庆林、李长春、习近平、李克强、贺国强等,以及中央、上海市有关部门,上海市各民主党派、上海市工商联敬献的花圈、花篮。10时整,上海市委、市政府及有关部门的领导来了,

追悼会上

最后一面

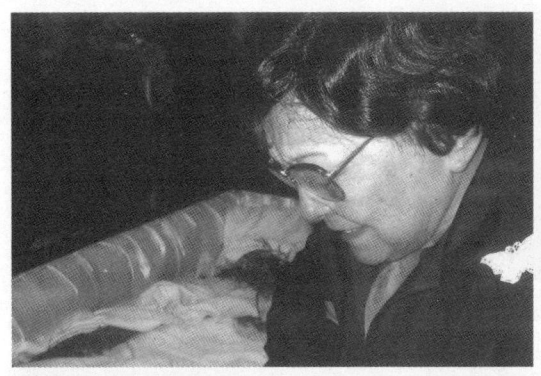

悲痛欲绝

亲人和家属沉痛哀悼

亲人的花圈

各界朋友来了,家桢的学生们来了。前来瞻仰的人群中,还有戴着鲜艳红领巾的小朋友。大约有2000多人前来送别家桢。气氛真挚悲切。对我来说,这真是心灵最难忍受的痛苦,整整3小时面对着再也不能说话的亲人遗体,这种折磨难以用语言形容。

11月8日,从节气上说,虽

参加追悼会的青年学子

然已进入冬天,但实际上秋天还未逝去。这一天,从清晨开始,就淅淅沥沥秋雨霏霏。上天与我同悲,更增添我心头的万般凄楚。

仪式之后,家桢遗体在谈洪、谈龙及小东三人护送下,由殡仪馆工作人员推走了。当天下午,大孙子小东从殡仪馆领回了家桢的骨灰,骨灰是放在我准备好的一个丝织品袋内再放到长方盒子里的。小东告诉我,骨灰来自他爷爷身体的各个部分,是他亲手捡的。我从小东手中接过骨灰盒带回家后,就放在我的卧室里。我没有特地为家桢挑选骨灰盒。因为,在家桢身前,我俩就有过约定。我们认为,自己都是大地的子女,我们死后,要把我俩的骨灰混在一起,撒在广袤无垠的江河湖海中,与大地融为一体。我俩的这个心愿,只能委托小东帮我们了结了,小东也欣然同意和接受了我俩的委托。

3. 人民没有忘记家桢

追悼会后,似乎一切都已结束。可没过几天,青浦古园打电话来了,他们希望把家桢骨灰盒安放在青浦古园。我告诉他们:"我和家桢早有约定,我们身后是不留骨灰的,因此也不用墓地。"

他们在电话中继续说:"谈老先生是国家的,是人民的,他的光辉一生必将激励后人。为了实现你们的约定,不妨在青浦古园设一个谈老的衣冠冢。"

我被他们的真诚打动了,答应他们先到青浦古园看看,然后再决定。青浦古园的同志立即开车过来,把我接到古园。到那里实地考察后,我感到环境不错,就是古园太小,感到有点压抑。我没有拿定主意,准备日后再考虑。回到家后不久,奉贤区的滨海古园来电话了,他们来电的初衷与青浦古园不谋而合。我接完电话后,就把这个消息告诉了民盟上海市委,民盟市委对此事十分重视,即由方荣秘书长和王海波同志陪我到奉贤滨海古园。抵达滨海古园后,滨海古园的领导同志陪同我们走遍了公墓的各个地方。那里的环境实在太美了,简直像个漂亮的公园。我和民盟的同志都很满意,当即决定在那里修建家桢的衣冠冢。陪同我们的滨海古园领导赵小虎又进一步领着我们看了他们事

家桢坐像矗立在滨海古园中

先选好的修建衣冠冢的地方和"谈家桢陈列馆"的位置。原来,滨海古园的同志不仅计划在此设立家桢的衣冠冢,而且还打算建立陈列馆,考虑得可真周全啊!他们的热情,令我感动得流泪,我还有什么话说呢。我今天在滨海古园找到的已远远超出了一块衣冠冢的土地,这是人民对家桢和我的理解和尊敬。当我提议:是否能在衣冠冢前立一尊家桢坐着的全身铜像时,他们说,这是他们计划中的事。我又告诉他们,我是生前照顾家桢的,三十多年来,我一直守候在他身边照顾他,下辈子我还要继续照顾他,因此,能否在他的身旁树一尊我的立像,以了却我俩生死相伴、形影不离的愿望。当时滨海古园领导一口答应:"在家桢先生旁边替你做个立像。"

家桢坐像矗立在滨海古园中

我知道,建立衣冠冢和陈列馆都需要一笔费用。因此,我小心地问,在滨海古园修衣冠冢和建陈列馆大概需要多少费用。此时,滨海古园负责人赵小虎说:"谈师母,你能选择滨海古园为谈家桢先生修衣冠冢和建陈列馆,这是我们的荣幸!我们的光荣!将来在修冢和建馆中还有许多地方需要你的帮助。谈家桢先生永远活在人民心中。我们坚信,他的衣冠冢和陈列馆肯定会成为爱祖国、爱人民、爱科学,颂扬实事求是的科学精神的教育基地,也是使滨海古园扬名的一个景点。这块地算是我们奉贤区滨海古园对谈家桢先生和你的一点贡献,感谢谈家桢先生为科学事业奋斗终身,为祖国争得了荣誉!"

我感动极了。我相信,一个人只要一生为国为民、鞠躬尽瘁,人民是不会忘记你的。家桢就是这样一位被人民记在心中的人。

家桢的后事完满解决了。自此,我的心也平静下来,专心地去整理家桢的遗物。我按照滨海古园的要求,把准备放在衣冠冢里的衣服,以及打算放在陈列馆里的衣服、领带、鞋袜和日常用品,还有照片、书籍、笔和砚台及学生送来的寿幛等物品一一整理好了,全部打包放在一边,等滨海古园的同志来取。就在这个时候,我突然意识到,家桢虽然去了,可他依然是我赖以生存的一个梦!如今,魂已去,难道梦也就此断了吗?我双手抚摸着整理好的物品,难以割舍。好在他的骨灰日夜陪伴着我,即使以后我飘零到天涯海角,也有他在我的身边。这个梦也将永远随我远行,给我祝福。

4. 在逝去的岁月中徘徊

从滨海古园回家后的一段日子里,有好长一段时间,白天在我的四周寂无一人,只有家桢陪伴着我。我坐在他的骨灰盒旁,感觉一切似乎都已凝固。我朝窗外望去,看到了西斜的太阳,想到这西斜的太阳几小时后将会消失在地平线上,但再过几小时,西方地平线上消失的太阳又会在东方地平线上冉冉升起。自古至今,太阳总是这样周而复始,西边落下东边升起,而人的一生,从生到死,是有限的。家桢在这个世界上虽然生存了100年,但与大自然相比,毕竟还是十分短暂的。而庸庸碌碌的人生,不管生存时间有多长,都像西沉的太阳,在西边地平线上消失后将从此永无踪影。壮丽的人生就截然不同了,会像东升的太阳那样光照人间。我似乎大彻大悟:家桢早已不在那丝绒盒里了,他的英魂已融化在这伟大的宇宙间,化作清风,化作细雨,化作阳光。他就这样永恒地存在着,与我在一起直至永远。

我一人在家里,对家桢那份思念,那份不了情,一直时隐时现地在我心中沉浮。我孤身一人在众仁花苑的生活越来越淡化了,而我和家桢两人的过去却越来越清晰。因为思念家桢,我的精神情不自禁地在过去的岁月中徘徊,回忆的线索越拉越长、越拉越多。他在被打成"反动学术权威"的时候,面对常人难以忍受的压力,依然追求真理。因为他相信,"坚持真理使人获得自由"。身处逆境,他丝毫没有改变对祖国、对事业的一片赤诚之心。与个人的荣辱得失相比,他更忧虑的是遗传学事业几经挫折,将会严重影响国家在生命科学领域中的基础研究和应用研究的发展。他在任何逆境下,从来没有悲观失望过。

他曾说过,每个人的情况有所不同,境遇也有差异,但是有一点是相同的,即每个人都毫无例外地生活在一个矛盾世界里。有矛盾是正常的,为此,工作、生活、事业遇到不顺时,不必那么惊慌失措,消极悲观。人需要有勇气面对现实,去解决矛盾。生活在这个世界上的人,就是在不断解决矛盾中进步的。解决了矛盾就个人而言是长了一份知识,对社会就能起到促进和发展作用。他在一帆风顺的大好形势下,就从不止步,一往直前。1976年从"文革"噩梦中醒来,他已是古稀老人,仍怀着对遗传学的深厚感情和执著追求,关注着学术发展的趋势,一心要使中国的遗传学事业与国际接轨。为此,他邀请自己在美国加州理工学院的老同学、美国科学院院士邦纳,带领学术团队到复旦大学开设分子遗传学培训班,系统介绍基因文库、分子克隆等前沿学术进展,为我国开展分子遗传学研究培养了大批骨干。他还不顾自己动过两次大手术,拖着病躯远访北美、欧洲各国,邀请知名科学家来华讲学,并推荐大批中青年学术骨干去国外访问、进修和合作研究,尽力弥合我国遗传学发展中人才断层。

他无愧于中国现代遗传学创始人的美誉,深知基因是无价之宝,为此,他在89岁高龄时还四处奔波,考察多家基因研究和产品开发单位,在调查研究的基础上,在1997年致函时任国家主席江泽民同志,提出谨防在我国形成"基因争夺战",建议保护我国遗传资源,成立国家人类基因组研究中心。1998年,经过他和其他科学家的艰苦努力,我国取得了第18届国际遗传学大会的主办权。为了开好这次大会,他还多次亲自到会场布置工作。此次大会盛况空前,广受好评,他还在大会上作了《为了全人类更好的生活》的发言。他为之奋斗终生的中国遗传学事业终于实现了他提出的"面向世界、面向21世纪"的愿望。

他早年抱着"科学救国"的志向,远涉重洋到美国学习遗传学。学成之后,强烈的爱国意识和发展中国遗传学的事业心,促使他在新中国成立之前就回到了祖国的怀抱。他一生坚信,科学本身是全人类的财富,是没有国界的,但科学家是有祖国的,有祖国的科学家就应该为祖国的科学发展作出贡献。1994年冬天,他已经86岁了,还是为了祖国遗传学的发展专程到美国斯坦福大学拜访从复旦大学毕业后到美国深造的金力,真诚邀请他回到复旦大学遗传所工作。金力在他的感召下,毅然回国。金力经常说:"先生以他的亲身经历让我明白一个道理:科学家是有祖国的,而我属于中国。"

金力回国后,许田、贺福初、赵国屏、熊跃等一批在国外学业有成的知名专家也相继回到祖国,为我国的科学事业奉献自己的聪明才智。

他是具有崇高师德的教育家。他认为,"终生之计在树人"。谦逊是他的一贯作风,他对学生后辈总是奖掖呵护,慰勉有加,从不疾言厉色,叱责训斥,有事总是婉言相商。

他待人真诚、宽厚。他从不以自己的身份和地位夸耀自己,唯有一颗坦诚的心悠悠然地面对整个社会。复旦大学毕业的学生会因各种各样的原因写信给他,对这些来信,他从不敷衍了事,而是在认真阅读后,或亲自回信,或托其他同志给予回音,真是件件都落实,封封有回音。我曾听到过这样一个故事。1974年,在家桢与工农兵学员同到江苏省泗阳棉花原种场时,原种场的农技员和党政负责人都很尊敬他。原来,原种场的农技员俞敬忠在南京农学院就读时就给家桢写过信,这个大学生真想不到没过几天就收到了复信。给他直接复信的是盛祖嘉教授。盛祖嘉告诉俞敬忠,他是受家桢的委托写信的。当时俞敬忠是想问问:大学生毕业后将如何面对未来。盛祖嘉的回信明确告诉他,无论是家桢还是他自己,他们的共同体会是:如果说在事业上有了点成绩的话,那就应该记住"目标明确、坚持不懈"。就是这八个字,使俞敬忠走上工作岗位后有了主心骨。他原来分配在泗阳县种子公司,而他的目标是选育农作物新品种,为此他要求离开生活条件较方便、较优裕的种子公司,直接到基层的棉花原种场。目标明确后,他坚持不懈地努力,在棉花、大豆、水稻、小麦等多种作物的新品种选育上,都取得了突出的成绩。正因为他的突出成绩,在"文革"以后,他被调任江苏省农林厅厅长,主管全省的农业生产;从厅长的位置上退下来后,又到江苏省人大常委会任副主任多年。

家桢在心态宁静、心情从容时,会用自己的理智的头脑和开放的胸怀分析问题和处理问题,因此他能团结同志、赢得群众。如在分析"文革"中高喊"打倒谈家桢"的情况时,他认为同样是高喊打倒,其实情况各不相同:有的是"假骂真帮忙";有的是迫于无奈,明哲保身;有的是不明真相,受到蛊惑;有的是随大流,你喊我也喊;有的是出于对发动"文化大革命"的人的忠诚;别有用心的人是极个别的。因此,当真相大白于天下后,就要让那些在特殊年代里高喊"打倒"的同志放下包袱,轻装上阵。

我的回忆似乎应该停下来了。但是,我知道,时光不可能磨去我们过去结伴同行,恩恩爱爱的每一天,只会使美好的回忆埋得更深。三十多年来,与家桢在一起的如诗如画的岁月,将永远魂牵梦萦地陪伴我终生。

　　我今天能有这么一份珍贵的回忆,完全是因为我有幸与家桢一起经历了一段光辉灿烂、美满幸福的日子。现在,我已看到了天国。我相信,等我把我俩的最后一点希望撒向江河大地后,我也可以无怨无悔、无牵无挂地走向天国了。等我到了天国,我相信,那里肯定又有一个极乐世界,任我们俩牵手漫步,尽情翱翔!

十二　最后心愿

在整理家桢的遗物时，我翻开《谈家桢文选》，一眼就看到他那无限欢畅的笑脸。这时，我的心里感到非常踏实，他没有离开我，真的没有，他在对我笑呢！

1. 天上人间，心灵相通

在他那张满面笑容的照片背面，就是他写的"人才辈出"这四个苍劲有力的大字。这四个字一下子就把我的记忆拉回到了20世纪80年代。那个时代，全国报刊杂志正在广泛地讨论人才问题，家桢也撰文发表了自己对这一问题的看法。他在文中指出：

"我觉得这种讨论（指人才问题的讨论）很重要，因为它是直接关系到国家兴旺发达、人民安居乐业以及如何加速实现四个现代化的大问题，理应引起大家的关心和重视……我们需要大量的人才，那么人才资源在哪里呢？我认为，从长远来看，我们培养和挑选人才资源的基地，主要应该是在农村而不是城市。明确这一点具有重要意义。因为我们讨论人才问题，必须要从我国的国情出发，也就是说，要从我国的现实和未来发展的实际情况出发。这是我们考虑人才资源的前提。忘记了这个前提，就会使我们在这方面的政策、方针脱离实际，偏

家桢手书墨宝

离方向。"

他进一步指出:"毋庸讳言,我国目前农村的教育情况是令人担忧的,文盲半文盲人数高于50年代,占总人口的比率相当高。要学文化,提高文化水准,手段之一就是多办学校。但是,即使克服了许多人力物力上的困难,办起了学校,由于目前我国农村经济落后,农民子女读书要交学费,上了学不能参加生产劳动,影响家庭收入,因此,有些农民不愿让自己的孩子上学。对这种情况,我们应该有足够的认识,加强农村中的智力投资,这是一项开发我国智力资源、广泛培养人才的重大战略性措施。从某种意义上说,它比开发自然资源还要重要。我认为,如果现在在农村实行义务教育,规定凡到入学年龄的孩子,必须入学,不收学费,甚至在一定时期内,给入学的农民子女一定的经济补贴,以弥补家庭劳动力不足,逐渐做到普及小学、中学,那么这种智力投资将具有深远的影响,这是一件造福子孙后代的大事。如果这样的话,可以预测,21世纪的中国将展现出一幅人才辈出、科学发达、民富国强的宏图。"

捐建小学的新闻报道

家桢告诉我,中国农民一直被世人誉为聪明勤劳,在农村中有才能的人多的是。中国古今历史事实证明,各行各业中的杰出人物,有许多来自农村。很可惜,还有很多能人由于多种客观上的原因,没有条件得到培养和发掘,因而往往自生自灭。农村是个巨大的人才宝库,有待我们去开发、去利用。我们应该高瞻远瞩,及早采取措施,充分开发与利用农村的人才资源,使我们的国家更加繁荣富强。

家桢的精神始终在支持、鼓励着我的生命和理想。我在回忆他的这些论述时,似乎感觉到他的心脏就在我的躯体里跳动,即使天上人间,我和他也是心灵相通的。开发、利用农村人才资源是家桢的心愿,也是我的心愿。但是,我能为开发、利用农村的人才资源做点什么呢?我想呀想,就在我冥思苦想找不到答案时,耳边似乎响起了家桢的声音。他在对我说:你和我在一起生活的三十多年时间里,天天节衣缩食,平时省吃俭用,不是还有点积余吗?你就把所有的积余捐赠给贫困农村,资助那里的教育事业吧!对呀,这个主意真不错。

2. 落实在希望的田野上

主意拿定了。我就与上海市政协工作的一位友人商量。我的那位友人对公益事业十分热心,对上海周边地区的贫困农村也心中有数。他听了我的打算后,建议我在江西上饶找个点。他告诉我,在两年前,他曾到过上饶县罗桥,罗桥是个贫困农村,那里有一所规模为400名学生的文家小学。那时他看到的文家小学是十分简陋的,有的校舍因年久失修已存在极大的隐患。尽管上饶县正在为改建文家小学千方百计地筹集着资金,但至今,筹集到的资金还是捉襟见肘,缺口很大。上饶,我并不陌生,上饶集中营就在那里,这是块光荣的土地,多少革命志士的鲜血曾经洒在这里。能为革命胜地作点绵薄的贡献,我感到很值。我也到过上饶,那里山明水秀,但农村并不富裕,许多农户确如家桢所说的那样,还生怕孩子上学会减少收入,而不愿让孩子上学。那里的农村确实需要经济上的支助,我用积蓄资助那里的小学真是钱

上饶县给我发捐赠证书

捐赠的邱蕴芳实验学校

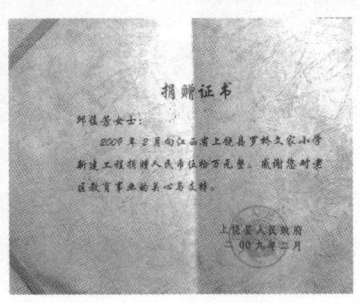

用在刀口上了。我感到这个建议很好,便立即委托这位友人着手操办这件事。

我的友人真是个办事认真的热心人。在接受我的委托后,他立即亲自赶到上饶县去落实。上饶县对这件事十分重视,有关部门很快研究决定接受我的捐赠,并决定把我捐赠的50万元人民币专门用于罗桥文家小学教学大楼的建设。为了表示对我的感谢,上饶县特地委派县教育局长、县政协秘书长、文家小学校长和负责基建的同志,于2009年2月13日专程来到我的住地众仁花苑,他们给我带来了上饶县人民政府接受我捐赠的证书,给我带来了上饶县的决定。上饶县决定把原来的文家小学改名为"邱蕴芳实验学校",决定聘请我为"邱蕴芳实验学校"的荣誉校长,决定把实验学校门前的这条路命名为"谈家桢路"。

上饶县的同志告诉我,文家小学的师生听到我为学校捐款的消息后,都很激动。全校师生委托他们一定要把师生的感激之情带给我,还给我带来了几位小学生的感谢信及决心好好学习的决心书。我听到这些消息和看到天真的孩子们给我的来信,内心是多么的高兴和激动啊!上饶县的同志还给我带来了"邱蕴芳实验学校"的施工图和学校的规划图。他们说,"邱蕴芳实验学校"将在今年秋季正式启用,由原来400名在校学生的规模,扩大为在校学生2000名的规模,在学校开学时叫我一

时任卫生部部长陈竺为邱蕴芳实验学校题写校名

美国耶鲁大学终身教授许田博士的题词

复旦大学副校长金力为邱蕴芳实验学校题词

十二 最后心愿

定要到校参加开学典礼。

他们向我提出,要为"邱蕴芳实验学校"写个校名,请有关专家给学校和学生提点希望。我爽快地答应了他们的这些要求。在他们离开后,我就立即与时任卫生部部长陈竺联系,请他为"邱蕴芳实验学校"写个校名。陈部长一口答应了。没过几天,他就将"邱蕴芳实验学校"几个大字写给我了。此后,我在家桢的学生中,任意挑选几个事业有成的专家教授,并邀请家桢的生前好友一起为实验学校的学生们写几句鼓励学习的字句。接到我电话的家桢学生及友人,个个都十分认真地把他们的亲身体会写成条幅寄给我了。不久,我将陈竺部长书写的校名及所有专家、学者的题词全交给了江西上饶县顺便来沪开会的政协秘书长,请她转给文家小学,不,应该叫"邱蕴芳实验学校"。

家桢啊!我已经把我俩的最后一个心愿落实到希望的田野上了。你走后,我总觉得你只是暂时离开了我,我和你是永远不会分离的。

我知道,宇宙间没有神明,人是没有灵魂的,草木也不能通情,然而我与你那千丝万缕的情丝,却使我在感情上把你身前抚摸过、钟爱过的笔、墨、纸、砚和书本杂志以及所有其他物品都视作通有灵性的。所有这一切,使我觉得冥冥中的你与人间的我仍系在同一条感情的纽带上。等着吧,终有一天我会来天国与你相会作伴的。

天长地久有时尽,此情绵绵无绝期!

附 录

1. 家桢眼中的我

在家桢撰写的《生命的密码》一书中,专门用一节的篇幅叙述了他心目中的我,标题是"相濡以沫的慰藉"。在书中,他是这样写的,在平时他也是这样讲的:

十年浩劫,我和许多知识分子一样,厄运临头,家破人亡。

1972年,我和邱蕴芳医生相识。

人到中年的邱蕴芳是一位热爱事业的妇产科医生,她胸襟开阔,性格直爽乐观。她年轻时曾作为中国人民志愿军的一员,奔赴抗美援朝前线。之后,她一直是上海一家医院的业务骨干。

这一年,通过邱蕴芳所在医院的一位会计的牵线搭桥,我和邱蕴芳走到了一起。当时的我,家无余财,且是全国闻名的"资产阶级学术权威",虽名为"解放",却仍属"运交华盖",时时受掣。邱蕴芳偏偏对我很有好感,我们两人虽无花前月下,卿卿我我,她却心意已决。

一年以后,我和蕴芳结伉俪。

到上海科技馆参观

他给我做85岁生日

不久,"反击右倾翻案风"起,交白卷的"英雄"被捧上了"教育革命闯将"的交椅。于是,又开始轮到我写"检查"了。饱尝"运动"苦楚的我情绪极度低落,性情乐观开朗的邱蕴芳非但毫无责怪之意,反而主动劝慰,不时在饭后陪伴着我,沿着复旦大学宿舍前的小路散步、聊天。很自然地,这便成了我身处困境中的极大慰藉。有一件事,我至今回忆起来仍觉得很有意思。

原来,当时要我写检查,我思来想去,不胜其苦。邱蕴芳就给我出主意,要我何不把调头提高,甚而愈高愈好,譬如,"我是软刀子杀人"之类,"你又没有杀人,怎么能定你杀人罪呢?"

夫人聪慧的话语,引来我一时开怀的笑声。

1975年春,四届人大召开。据知,由于毛主席的亲自干预,将我和赵超构的名字补进了上海代表名单。但我们仍被告知,我们是作为上海"资产阶级知识分子"的代表去参加会议的。临去北京时上海造反派头头的一番训话,令我反感不已,加之在大会上见周恩来总理身体更加羸弱,令人担忧。整个会期,并没有给我带来多少愉悦。

回上海后,我一年前出现的腹泻不止的现象愈见严重,且大便中夹带少量出血。在邱蕴芳的坚持下,我被送往医院进行全面检查。之后,又经放射科专家荣独山教授的介绍,长海医院、仁济医院(当时为第三人民医院)和中山医院三家医院的肠道专家会诊,他们对我一致亮出红牌,我被送进了第二军医大学(当时应为第七军医大学)附属医院。

检查整整进行了一个月,拍了70多张片

在黄山旅游(1984年)

子……

结果出来了：结肠癌！

具体情况是，大便中夹带的不是血，是瘤子开花。所幸浆膜未破，否则就会导致急性腹膜炎，腹水渗出，至多只能延长一二周的生命。而今，亏了邱蕴芳的及时决断，多方会诊，及时发现，尚可手术切除。

其时，我所患结肠癌已到了晚期。邱蕴芳心急如焚，但在我面前，

在海南天涯海角骑骆驼

作为一个妻子，作为一名医生，她仍强作镇静，对我慢慢疏导，使我增强战胜病魔的信心，积极配合医院进行治疗。于是，当我当晚独自从医院回到家里，向邱蕴芳问及诊断结果时，邱蕴芳平静地回答我：

"在医院里，只有主任医生才有权告诉你最后诊断结果，不要听信其他人的话。"

不久，随着闻讯前来看望我的人越来越多，邱蕴芳觉得已无法继续相瞒，便决定把诊断结果对我直言告之。这一天，她竭力控制住自己的情绪，十分耐

在广东佛山祖庙

心地为我讲述了病因和诊断结果，又综合了专家们的意见，告知我，手术治疗是目前的最佳方案。

妻子的疏导，令我打消了顾虑和不安，我决心面对现实，接受这次手术治疗。

手术前三天，专家们讨论手术方案，邱蕴芳以病人家属和医生的双重身份被邀请参加。在谈及要为我做人工肛门的方案时，邱蕴芳提出了一个

十分内行的问题,她表示希望知道病案记录中所记致癌直肠距肛门的距离是多少。这其实是一个十分重要的问题:原来,在医学上规定,如果致癌直肠距离肛门太近,便只能做人工肛门;但如果超过一定的相隔距离,便无须做人工肛门。结果一查,发现我的病史记录上没有这方面的记载,于是当晚马上补做直肠镜检查。一量距离,根据规定,可以不做人工肛门。主任医生拍拍邱蕴芳的肩说:"你真是为我做了一件好事!在这件事情上,是我们失职了,非常对不起!"

手术艰难地进行了11个小时。

手术以后,亲自主刀的王主任对邱蕴芳说:"幸亏手术及时,要是再迟10来天,就会穿孔,即使手术,恐怕也是凶多吉少。"

从一定意义上讲,夫人邱蕴芳医生救回了我的一条命。

在夫人的精心护理下,我康复得很快。

2. 活动年表

我和家桢结婚后,正常上班的时间只有一年左右。家桢患结肠癌手术后,我就长期请假,在家照料他的饮食起居和康复调理。他康复后重返学术舞台之时,已年近古稀。为了保证他能健康地从事各种活动,我跟随他四处奔波。我俩相依相伴、如影随形、和睦协调地走过了三十多年的人生之路。

在黄山(1978年)

1972年:
相识。
1973年:
结婚,婚后至无锡蜜月游一周。
1974年:
王震将军在沪会晤家桢,他因行动自由受到限制,心中不悦。回家后,我劝导他:"黑暗已到尽头,黎明还会远吗?"

他转忧为喜。

1975年：

家桢患结肠癌，入住长海医院。

1976年：

家桢胃病复发，入住第二军医大学附属长海医院。

1977年：

在家调理。康复后，我陪同他出席全国自然科学规划会议。

1978年：

出席在南京召开的中国遗传学会成立大会。赴美出席美国加州理工学院生物学系成立50周年纪念会。

在月老碑前(1981年)

1979年：

陪同邦纳夫妇访问新疆及西安等地。至长沙、昆明、成都讲学。

1980年：

至英国牛津出席染色体国际会议。会后又访问英国利兹大学和爱丁堡大学。随后至德国柏林参加国际细胞生物学会议。会后顺访哥廷根、海德堡、图宾根、法兰克福等地的大学和研究所。绕道美国回国。

在家中接待美国客人(1982年)

1981年：

至贵州湄潭，之后至日本参加国际环境诱变会议，并访问北海道一些大学和研究所，又出席动物学会年会。并在日本访问横滨、名古屋、大阪、神户、京都、广岛、福冈等地的大学和研究所。同年12月至福州参加中国遗传学会第2届代表大会暨学术讨论会。

在古都西安附近的窑洞口(1983年)

参观加拿大白求恩纪念馆(1984年)

在香港(1985年)

重访原浙大广西旧居(1987年)

在加拿大访问(1988年)

1982年：

赴北京参加纪念达尔文逝世100周年大会，出席青岛举行的中国遗传学会常务理事会议。赴承德、沈阳、哈尔滨、鞍山、大连等地访问。

1983年：

至印度新德里参加第15届国际遗传学大会，到泰国曼谷访问Mahidol大学。

1984年：

访问巴基斯坦，荷兰，中国香港，美国夏威夷、旧金山、洛杉矶、明尼苏达、洛阿马斯、堪萨斯城、圣路易斯、迈阿密、奥兰多、根斯维尔、诺斯维尔、勃兰斯堡、华盛顿、普林斯顿，后又赴加拿大访问汉密尔顿、渥太华，赴德访问康斯登茨、明兴、斯图加特、法兰克福、海德堡等地，再转道新加坡回国。

1985年：

2月，经瑞士访问苏黎世MBR反应器出口公司、日内瓦大学、Biogen公司，到奥地利维也纳出席ICGEB科学顾问会议。

6月，陪同家桢赴美出席马里兰大学授予荣誉科学博士称号典礼。

7月，赴丹麦哥本哈根出席第4届国际环境诱变会议的预备会和瑞典斯德哥尔摩的正式会议，赴芬兰的赫尔辛基出席职业病的诱变会议，赴意大利特里斯特出席第三世界科学院院士大会。

10～12月，至意大利特里斯特出席

ICGEB 的科学顾问会议,并顺访意大利的威尼斯,后至法国访问里昂的环境研究中心、LaTour 大学和巴黎第六、七大学,赴比利时的布鲁塞尔访问根特大学、赴新加坡为上海自然博物馆安排恐龙化石展出,顺访新加坡大学。

1986年:

4~6月,访问美国干扰素公司,出席华盛顿举行的中国生物工程中心的顾问会议和美国科学院授予院士的仪式,顺访北卡罗来州的国家环境卫生院、路易斯安那大学的李威廉教授、亚特兰大陈达能教授、乔治亚大学吉尔斯教授、肯塔基大学的宣树基教授,参观摩尔根故居,出席纽约举行的 ICGEB 顾问会议,到波士顿访迈耶、包格拉特、帕迪夫妇和陈良博、王倬等,访问耶鲁大学的波尔森夫妇,出席马里兰大学授予何康名誉博士学位仪式。到托莱多访问李汉光教授,到芝加哥访问王保罗,威斯康星访问克罗、梯明、吴仲义和杨宁荪夫妇。

7~8月,至广西宜山和贵州遵义、湄潭等地参观。

1987年:

5月,至安徽合肥出席中国遗传学会第3届代表大会暨学术讨论会。

12月,至香港参加霍英东教育基金会理事会和顾问联席会议,重访香港中文大学。

1988年:

6~9月,赴美参加加州伯克利大学举行的美洲华裔生物学会第2届国际学术讨论会。至加拿大访问蒙特利尔大学,并出席第4届国际细胞生物学会议。至多伦多参加第16届国际遗传学大会。

1989年:

至澳大利亚堪培拉国立大学访问,顺访悉尼、墨尔本。

1990年:

访问汕头,参加汕头大学落成典礼。并在汕头欢庆元宵节。顺访潮州、厦门、泉州等地。

6~12月,至中国香港、美国、

在美国芝加哥访问(1990年)

委内瑞拉、西班牙、德国、瑞典等地参加会议。

1991年：

4月，赴郑州参加中国遗传学会第4届代表大会，顺访洛阳和开封两地。

11月，赴苏州参加东吴大学90周年校庆。

12月，同上海电视台到湖州、新市、杭州、绍兴、宁波等地拍摄电视片《谈家桢》。

1992年：

4月，至杭州参加浙江大学校友会和校庆，到北京参加中国生物工程学会筹备会议。

5月底，至北京出席霍英东教育基金会颁奖仪式，参加周培源90寿辰座谈会。

6月8日，经香港赴台湾访问台湾"中央研究院"。走访台北、新竹、台中、高雄和花莲等地的高校、科研所、高科技园区和农村，出席台湾东吴大学座谈会。

7月，去杭州出席浙江科技出版社举行的《谈家桢文选》首发仪式。

9月，至北京出席民盟中央主席会议和民盟中央常委会。

11月，赴福州出席民盟高教研讨会。

12月，至北京出席民盟中央六中全会。

1993年：

6月，赴北京出席中国生物工程学会学术报告会暨成立大会。

8月，出席在英国伯明翰举行的第17届国际遗传学大会。

出席霍英东教育基金会理事会(1991年)

在英国唐人街(1992年)

9月,至厦门鼓浪屿商讨在上海建立生命科学联合会。

12月,赴北京出席纪念DNA结构发现40周年的纪念会和中国科协召开的纪念毛泽东诞生100周年纪念会。下旬再度赴北京出席民盟中央常委会和全国政协常委会议,出席在人民大会堂举行的毛主席诞生100周年纪念会,并瞻仰毛主席遗容。

出席国际遗传学大会筹备会(1993年)

1994年:

5月,赴北京出席第18届国际遗传学大会筹备会第一次会议。

6月,赴北京出席两院院士大会。

11月,访美,在美国过年。

在美国医院探望陆铿先生(1994年)

1995年:

1月6日,由美国洛杉矶回国,入住华东医院。

3月,赴北京参加全国政协会议。

10月,赴京出席全国政协常委会议,赴山东泰安出席中国遗传学大会开幕式,月底赴广州出席霍英东教育基金会顾问联席会议。

11月,赴香港访问香港中文大学、香港大学和香港科技大学。

在美国访问(1995年)

1996年:

11月,赴京参加中国民主同盟第七届五中全会。

在安徽道教之家(1996年)

1997年:

4月,赴杭州参加浙江大学百年校庆庆典。

1998年:

至北京组织召开第18届国际遗传学大会。

与曾孙女在众仁花苑阅览室(1997年)

1999—2003年：

在南翔众仁花苑,思考新世纪的祝愿。

2003年,至上海科技馆参观。

2004—2008年：

入住华东医院。在华东医院期间经常有各界人士前来看望家桢。

后 记

  我与家桢在逆境中相识、相知,在顺境中相伴、相依。三十多年来,我俩共患难、同欢乐,共同度过了一段极不平凡的日子。

  三十多年来,家桢是我的生命中的中流砥柱,是我生命的依靠。2008年11月1日,他独身一人走向了天国,从此我俩天各一方。刹那间,我的人生失去了主心骨。在相当长的一段时间内,我处于无限思念之中。不仅新近的事情历历在目,就是久远的情景在记忆中也异常清晰。既然,我与家桢共同走过的路不断地在脑海中浮现,而且又是那样的清晰,何不用文字记录下来作为我俩共同生活的永久纪念呢!于是,我就涌起了用文字记录我俩共同生活的冲动。

  我知道,自己并不是一个作家,也从未受过写作的专门训练,要把这许多美好的回忆整理出来,也真有点力不从心。就在我碰到困难时,家桢的一位老学生潘重光同志伸出了援手,由他执笔,这才使我如愿以偿地完成了我用全部心血写出的一段真善美的感情。

  在我长期请假和退休过程中,上海电力职工医院院长赵崇华医生曾给予我极大的方便和帮助,特在此表示真诚的谢意。